Soziales Lernen mit System

Das Buddy-Prinzip

INHALTSVERZEICHNIS

	Vorwort	4
	Einleitung	6
1.	Zeit für eine andere Lernkultur	10
1.1	Das Buddy-Projekt: Beschreibung und Ziele	10
1.2	Buddys: Qualifizierte Helfer für viele Fälle	11
1.3	Kompetenzen für die Zukunft	13
1.4	Kompetenzen von Buddys	15
2.	Soziales Lernen mit System	22
2.1	Die drei Säulen des Buddy-Konzepts	23
2.2	Lernen im Buddy-Projekt	31
2.2.1	Lernen als systemischer Prozess	31
2.2.2	Spezifische Lernfelder im Buddy-Projekt	33
2.3	Die Rolle des Lehrers im Buddy-Projekt	40
3.	Das Buddy-Projekt: Vom Bedarf zur Praxisanwendung	46
3.1	Die Bedarfserhebung bei Schülern	48
3.2	Analyse des Schulprofils	52
3.3	Das 15-Felder-Modell: Anwendungsfelder und Projektbeispiele	55
3.4	Das Buddy-Projektdesign	59
3.5	Buddys finden	65
3.6	Buddys für ihre Arbeit qualifizieren	67
3.7	Buddy-Projekte umsetzen und begleiten	73
3.8	Projektabschluss und Implementierung	84
	Exkurs: Das Buddy-Projekt in der Schulgemeinschaft (Praxisbericht)	86

4.	Zugangswege zum Buddy-Projekt	94
4.1	Die Buddy-Landes- und Regionalprogramme	95
4.2	Die Buddy-Einzeltrainings	99
5.	Methodensammlung	102
Anhang		148
Literaturverzeichnis		163

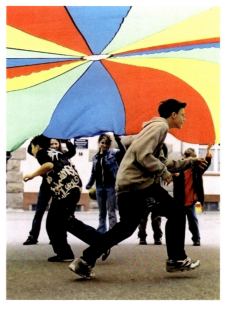

VORWORT

Prof. Dr. Rita Süssmuth
Präsidentin buddY E.V.

Liebe Leserinnen und Leser,

die gesellschaftliche Transformation zur Wissensgesellschaft, die zunehmende Heterogenität der Lebensentwürfe und Familienrealitäten sowie die multikulturelle Gesellschaft sind Beispiele für aktuelle Entwicklungen, die unser Bildungssystem vor völlig neue Herausforderungen stellen. Schule soll die Kinder von heute in die Lage versetzen, die Chancen wahrzunehmen, die diese Gesellschaft bietet. Oft heißt das, zunächst einmal das auszugleichen, was in vielen Elternhäusern nicht mehr geleistet wird. Neben die Vermittlung von Wissen tritt die Förderung sozialer und emotionaler Kompetenzen als gleichrangiges Bildungsziel.

Das Buddy-Projekt unterstützt diese ganzheitliche Entwicklungsförderung, indem es Schülern Gelegenheit gibt, als handelnde Personen Verantwortung zu übernehmen – in klassenübergreifenden Projekten oder im Unterricht. Es geht davon aus, dass Schüler wertvolle Erfahrungen und Ideen haben, von denen auf der Basis der Peergroup-Education jeder einzelne in der Gruppe profitieren kann.

Das Programm erhebt die Einheit von kognitivem, sozialem und emotionalem Lernen zum Prinzip des gemeinsamen Lernens. Es ermöglicht Schülern, in der Gruppe sowohl Wissen als auch soziale Kompetenzen wie beispielsweise Konflikt- und Reflexionsfähigkeit, Empathie und Kommunikationskompetenz zu erwerben. Zugleich wird ihnen deutlich, dass sie füreinander Verantwortung tragen und miteinander oft leichter und besser lernen.

Die Organisation dieses Lernprozesses im Buddy-Projekt bedeutet, dass der Lehrer seine Rolle verändert. Er übernimmt die Funktionen eines Coaches (Förderers, Begleiters), der den Schülern Hilfestellungen gibt, wie sie selbstständig Probleme lösen und sich gegenseitig unterstützen können. Letztlich profitieren so alle vom Buddy-Projekt: Schüler lernen besser, Lehrer werden entlastet, das Schulklima verbessert sich.

Das Buddy-Projekt gibt Antworten auf viele drängende Probleme in unserem Bildungssystem, entbindet die Bildungspolitiker aber natürlich nicht davon, strukturelle Lösungen zu erarbeiten: Die derzeit gängige Auslese und Zuweisung nach der vierten Klasse erschweren ebenso wie das dreigliedrige Schulsystem und starre Lernrhythmen „gemeinsames Lernen", wie es von zahlreichen Bildungsexperten postuliert und im Buddy-Projekt umgesetzt wird. Auch altersübergreifendes Lernen ist in herkömmlichen Unterrichtsstrukturen nur schwer möglich. Die Ganztagsschule bietet hier viele Chancen, die wir durch intelligente und innovative Konzepte nutzen müssen. Auch wenn die Arbeit im Buddy-Projekt für die Lehrkräfte zunächst sicherlich bedeutet, „neues Terrain zu betreten", hören wir von vielen erfahrenen Buddy-Lehrern, dass die gemeinsame Arbeit die Beziehung zwischen Schülern und Lehrern verbessert und den Schulalltag bereichert. In diesem Sinn hoffe ich, dass das vorliegende Buch motiviert und überzeugt, gemeinsam neue Wege zu gehen.

Danken möchte ich an dieser Stelle der Vodafone Stiftung Deutschland, die das Buddy-Projekt 1999 gegründet hat und mit deren Hilfe wir unsere Arbeit bis heute finanzieren. Das Engagement belegt, wie sehr unser Bildungssystem von Impulsen und Innovationen aus der Zivilgesellschaft profitieren kann.

VORWORT

Dr. Bernhard Lorentz
Geschäftsführer, Vodafone Stiftung

Liebe Leserinnen und Leser,

dem Buddy-Projekt ist die Vodafone Stiftung auf ganz besondere Weise verbunden. Wir haben das Projekt 1999 gegründet und fördern es nun schon seit mehr als acht Jahren. Dieses langfristige Engagement hat seinen guten Grund: Durch das Buddy-Projekt lernen Schüler, ihr Leben selbstständig zu gestalten. Zugleich vermittelt das Projekt die Haltung, nicht nur für sich selbst, sondern auch für andere Verantwortung zu übernehmen. Es bereichert so das Zusammenleben in unserer Gesellschaft und stärkt unsere Demokratie.

Als wir vor gut zweieinhalb Jahren die Gründung des buddY E.V. initiiert und das Projekt in seine Trägerschaft übergeben haben, geschah das vor allem mit dem Ziel, das Wachstum des Lernprogramms professionell zu gestalten. In der Tat konnten wir seither gemeinsam zahlreiche Erfolge feiern: Mit Unterstützung der Kultusbehörden, prominenter Fürsprecher, engagierter Trainer und vor allen Dingen vieler motivierter Pädagogen wurden Landesprogramme in Berlin, Hessen, Niedersachsen und Thüringen gestartet. So befinden sich im Sommer 2007 Praxisprojekte an 800 Schulen mit mehr als 400.000 Schülern im Aufbau und weitere Bundesländer signalisieren starkes Interesse.

Das Buddy-Projekt verdeutlicht die Arbeit der Vodafone Stiftung: Unter dem Leitmotiv „Erkennen. Fördern. Bewegen." unterstützt und initiiert sie als eigenständige gemeinnützige Institution Projekte mit dem Ziel, Impulse für den gesellschaftlichen Fortschritt zu geben, die Entwicklung einer aktiven Bürgergesellschaft zu fördern und gesellschaftspolitische Verantwortung zu übernehmen.

Wir sind auf einem guten Weg, das Buddy-Projekt als Standard für Soziales Lernen zu etablieren und „Buddy" in der Öffentlichkeit zu einem Synonym für verantwortungsvolles Handeln zu machen. Die Rufe nach sozialer Verantwortung, gewaltfreier Schule und einer friedlichen und rücksichtsvollen Gesellschaft sind heute lauter denn je. Ich hoffe daher, dass diese Publikation Sie bei der Umsetzung des Buddy-Projekts unterstützt und freue mich sehr über Ihre Rückmeldungen.

EINLEITUNG

Roman R. Rüdiger
Geschäftsführender Vorstand buddY E.V.

Das Buddy-Prinzip – Soziales Lernen mit System

Patenprojekte? Gibt es an Ihrer Schule schon seit Langem. Schüler, die anderen Schülern im Unterricht helfen? Haben Sie schon vor Jahren eingeführt! Mitschüler in Not? Ihre Streitschlichter kümmern sich darum!

Also: Was ist am Buddy-Projekt eigentlich so besonders? Nichts. Und fast alles!

Nichts, weil die Bestandteile des Buddy-Projekts nicht wirklich neu sind: Peergroup-Education, also das Lernen durch Gleichaltrige, ist seit den Tagen der Reformpädagogik bekannt und erprobt. Mediation ist mittlerweile in fast allen Schulen wenn nicht eingeführt, so doch ein Thema. Und die Übernahme von Verantwortung für andere ist Bestandteil vieler sozialer Programme, die seit Jahren in Schule erfolgreich eingesetzt werden.

Fast alles, weil all diese Ideen unter einem Dach neu geordnet und in ein System gebracht wurden, welches die vorhandenen Ansätze integriert und dadurch ganz neue Möglichkeiten eröffnet. Das Buddy-Projekt setzt mit dem Motto „Aufeinander achten. Füreinander da sein. Miteinander lernen." an der jeweils vorherrschenden, spezifischen Schulkultur an. Es vermittelt den Pädagogen eine Haltung, die Verantwortungsübernahme von Schülern begünstigt, und gibt ihnen Instrumente an die Hand, die individuellen Problembereiche ihrer Schule zu bearbeiten. Für diese Anwendungsfelder werden umsetzbare, dem Bedarf und den Ressourcen der jeweiligen Schule angepasste Maßnahmen erarbeitet. Vorhandene Projekte werden in dieses Modell einbezogen und unter dem Aspekt der Peergroup-Education ergänzt und erweitert.

EINLEITUNG

Ein Werkzeugkasten für alle Fälle

Das Buddy-Projekt ist also ein Programm zur Förderung sozialen Lernens, das für unterschiedliche Anwendungsfelder und Inhalte in Schule eingesetzt werden kann: Konflikte auf dem Pausenhof, Schüler mit Förderbedarf in der Klasse etc. Auf diese Weise entstehen Umsetzungen, die jeweils ganz individuell ausgestaltet sind und keinem festen Schema folgen. Sie sind gleichwohl Bestandteil des pädagogischen Konzepts eines Lehrers bzw. einer Schule, da sie sich im Kernbereich des Unterrichts ebenso manifestieren können wie im Schulleben.

Das klingt komplexer als es ist: Für die Umsetzung im Anwendungsfeld Ihrer Wahl haben wir eine klare Struktur geschaffen, die Ihnen von der Ermittlung des Bedarfs über die Planung bis zur Durchführung Hilfen bietet. Letztlich ist das Buddy-Projekt ein „Werkzeugkasten", den Sie nutzen können, um das soziale Klima in Ihrer Klasse oder Schule allgemein zu verbessern oder konkrete Problemfelder in Entwicklungsfelder zu wandeln – immer durch die Beteiligung der Schüler.

Denn **Peergroup-Education**, also das gegenseitige Beeinflussen und voneinander Lernen der Schüler, ist ein Basiselement des Buddy-Projekts: Kinder und Jugendliche übernehmen Verantwortung – für sich und andere. Grundlegend sind zusätzlich der **systemische Ansatz, die Orientierung an der Lebenswelt der Schüler** sowie die **Coach-Haltung der Lehrkräfte**, die Schüler eher begleiten als schulen und auf ihre Fähigkeiten und Kompetenzen vertrauen. Aus dem Zusammenklang dieser Elemente resultiert das Buddy-Prinzip.

In diesem Buch erfahren Sie, was in Buddy-Praxisprojekten von Schülern gelernt werden kann, wie Buddy-Projekte aufgebaut und durchgeführt werden können und welche Übungen und Methoden es hierzu gibt. Praktisch können Sie anhand dieses Buchs ein Buddy-Praxisprojekt an Ihrer Schule aufbauen. Dennoch empfehlen wir Ihnen, ein Buddy-Training zu besuchen. Unsere Erfahrungen zeigen, dass Praxisprojekte, die durch ein Training entstanden sind und von Buddy-Trainern begleitet werden, erfolgreicher und stabiler laufen. Mehr hierzu erfahren Sie im Kapitel 4.

Im Kapitel 1 finden Sie die gesellschafts- und bildungspolitische Begründung für das Schaffen einer neuen Lernkultur unter der Fragestellung „Was und wie müssen Kinder und Jugendliche in der Schule lernen, um für die Welt von heute und morgen gerüstet zu sein?"

Das Kapitel 2 beschäftigt sich mit den drei Säulen, auf denen das Buddy-Projekt fußt, mit der Lerntheorie, die unserem Projekt zugrunde liegt, und der wichtigen Rolle des Lehrers als Coach in der Peergroup-Eduaction.

Das 3. Kapitel führt Sie Schritt für Schritt von der Theorie zur Umsetzung. Es vermittelt in acht konkreten Schritten den Aufbau von Buddy-Praxisprojekten an Schulen. Dazu werden jeweils Werkzeuge vorgestellt, die die Durchführung erleichtern.

Im 4. Kapitel erläutern wir die verschiedenen Zugangswege für Schulen und beschreiben die Rahmenbedingungen von Buddy-Landesprogrammen, die es seit dem Jahr 2005 gibt.

Im 5. und letzten Kapitel finden Sie eine Auswahl von Übungen und Methoden, die zur Qualifizierung der Schüler eingesetzt werden können. Sie sind nach Kompetenzen geordnet, deren Erwerb sie fördern.

Sämtliche Kopiervorlagen finden Sie auch in unserem Download-Bereich unter www.buddy-ev.de.

Eine Bemerkung zur Schreibweise: Wir bitten um Verständnis dafür, dass wir mit Rücksicht auf die Lesbarkeit im Text fast ausschließlich die männliche Schreibweise benutzen. Selbstverständlich ist aber die weibliche Form durchgängig mitgedacht.

Viel Spaß beim Lesen!

1.

Lern-kultur

1. ZEIT FÜR EINE ANDERE LERNKULTUR

1.1 DAS BUDDY-PROJEKT: BESCHREIBUNG UND ZIELE

Vom Projekt zum Programm

Seit seiner Einführung im Jahr 1999 hat sich das von der Vodafone Stiftung Deutschland geförderte Buddy-Projekt (der Begriff „buddy" kommt aus dem Amerikanischen und bedeutet „Kumpel, guter Freund") stetig verändert. Auf dem Weg vom theoretischen Modell bis hin zu seiner flächendeckenden Umsetzung im Rahmen von Landesprogrammen haben viele Lehrer und Schüler mit Anregungen und gelebter Erfahrung dazu beigetragen, dass sich aus dem ursprünglichen Präventionsprojekt zum Thema „Straßenkinder in Deutschland" (Idee: Off Road Kids e.V.) ein umfassendes Programm zur Förderung sozialer Handlungskompetenz entwickelt hat.

Motiv und Begründungszusammenhang für das Buddy-Projekt sind seit seinen Anfängen gleich geblieben: Kinder und Jugendliche zu befähigen, ihr Handeln als wirksam zu erleben: „Ich kann etwas!" und „Ich kann etwas bewirken!" Was 1999 für die Zielgruppe der Straßenkinder galt, ist auch heute noch als Problem für viele Schüler Deutschlands existent: Entmutigt und unmotiviert empfinden sie Schule als Institution der Ausgrenzung und Bevormundung, in der sie sich nicht wirksam einbringen können und in der Teamarbeit oft wenig gefragt ist.

„Lernen wird häufig als sinnlos, die Curricula ohne Nutzen für das Leben erlebt. Das Vertrauen in die Lehrer ist gering, die Distanz zu diesen groß. Für viele, insbesondere für bildungsfern aufwachsende Jugendliche, ist Schulerfahrung kein konstruktiver Beitrag zum Aufbau von Lebenssinn, von optimistischem Selbstvertrauen und Überzeugungen eigener Wirksamkeit."
(Prof. Dr. Wolfgang Edelstein, Prof. Dr. Peter Fauser: Demokratie lernen und leben, Gutachten zum Modellversuchsprogramm der Bund-Länder-Kommission für Bildungsplanung und Forschungsförderung, Bonn 2001).

Die vorliegende Publikation zum Buddy-Projekt als Ergebnis seiner Adaption an den Bedarf in Schulen ist auch ein Zeugnis dafür, wie stark sich seit 1999 – und nicht allein durch die PISA-Studie zur Bewertung der internationalen Schülerleistungen – die Anforderungen an Bildung gewandelt haben. So wächst die Erkenntnis, dass Lernen als vielfältiger und ganzheitlicher Prozess, der sich in Schule nicht nur auf den Unterricht beschränkt, neben der kognitiven immer auch eine soziale und emotionale Komponente enthält. Eine alte Wahrheit rückt wieder in den Blickpunkt, die schon der Philosoph und Pädagoge John Dewey als Kernelement seiner Pädagogik etablierte: Lernen braucht Beziehung. Wenn Schüler sich zu selbstständigen, selbstbewussten und selbstverantwortlichen Individuen entwickeln sollen, braucht es eine andere Lernkultur, die das Lernen stärker in die Hände der Schüler legt und den Lehrer als Begleiter, als „Coach" der Kinder und Jugendlichen fordert.

Was ist das Buddy-Projekt?

Das Buddy-Projekt bietet Lehrern die Möglichkeit, mit den Mitteln der Peergroup-Education verantwortliches und selbstwirksames Handeln zu fördern: Jugendliche lernen von- und miteinander. Buddys handeln nach dem Motto: „Aufeinander achten. Füreinander da sein. Miteinander lernen." Ziel ist, dass sie verantwortungsvoll handeln, dass sie lernen, Verantwortung für sich und andere zu übernehmen. Gegenstand ihres Lernprozesses sind dabei die akuten Probleme, denen sie in ihrem Schulalltag begegnen.

In diesem Kontext wird die Vermittlung sozialer Handlungskompetenz zu einer Kernaufgabe von Schule. Dies braucht jedoch, wie alles Lernen, ein System, das eine angemessene Vermittlung ermöglicht. Das Buddy-Projekt bietet ein solches System. Es setzt an der jeweils spezifischen Schulkultur an und gibt den Pädagogen Instrumente an die Hand, um gemeinsam mit den Schülern Problembereiche und Handlungsfelder ihrer Schule zu definieren und Maßnahmen zu erarbeiten, die den Ressourcen ihrer Schule angepasst sind.

1. ZEIT FÜR EINE ANDERE LERNKULTUR

1.1 **1.2** 1.3 1.4

Das Buddy-Projekt ist demnach ein Programm zur Förderung sozialen Lernens, das für unterschiedliche Anwendungsfelder und Inhalte in der Schule eingesetzt werden kann. Diese reichen von Konflikten auf dem Pausenhof über Hausaufgabenhilfe, Lernpartnerschaften, Integration von Schulverweigerern bis hin zur Vermittlung von Lerninhalten im Unterricht.

So entstehen Praxisprojekte, die jeweils individuell ausgestaltet sind. Gleichwohl sind sie Bestandteil des pädagogischen Konzepts einer Lehrkraft bzw. einer Schule und können sich im Unterricht ebenso manifestieren wie im Schulleben. Vorhandene Projekte zum sozialen Lernen werden in dieses Modell einbezogen und unter dem Aspekt der Peergroup-Education ergänzt und erweitert.

Mit der Beteiligung von Schülern am Prozess sozialen Lernens kann man nicht früh genug beginnen. Das Buddy-Projekt eignet sich mit seinen Prinzipien und Kernelementen bereits für eine Umsetzung in der Grundschule. In seiner hier vorgestellten komplexen Form wendet es sich jedoch gezielt an Kinder und Jugendliche ab Klasse 5.

1.2 BUDDYS: QUALIFIZIERTE HELFER FÜR VIELE FÄLLE

Anderen helfen zu können ist eines der wichtigsten Ziele sozialen Lernens. Wer anderen hilft, erlebt Akzeptanz und Anerkennung. Aber auch helfen will gelernt sein. Buddys müssen lernen, eine helfende Beziehung aufzubauen, sich selbst und den anderen nicht zu überfordern und angemessen zu reagieren. Sie werden zu geschulten Helfern und Begleitern qualifiziert und erlernen die notwendigen Basiskompetenzen, die sie im Buddy-Alltag benötigen, wie beispielsweise aktives Zuhören, Perspektivenwechsel, Gefühle wahrnehmen und äußern.

Dabei können die Aufgabenfelder, in denen die Buddys sich engagieren, sehr vielfältig und unterschiedlich sein, wie die nachfolgenden Beispiele verdeutlichen:

Zum Beispiel: David und Jonas aus Essen

Marc ist elf Jahre alt und spastisch behindert. Dennoch besucht er in seinem Heimatort Essen-Holsterhausen wie andere Kinder auch die Gesamtschule. Um Marc einen weitgehend „normalen" Schulalltag zu ermöglichen, stehen ihm zwei Klassen-Buddys zur Seite, David und Jonas. Sie unterstützen ihn auf seinem Weg durch die Schule und helfen ihm mittags in der Cafeteria.

In der integrierten Gesamtschule Essen-Holsterhausen gehört soziales Engagement zum Schulprogramm. Für alle Schüler der 7. und 8. Klassen ist das Fach Verantwortung, in dem sie eine Aufgabe für das Gemeinwohl übernehmen, fester Bestandteil des Stundenplans. Einige der Schüler erhalten ein Training als Buddys – so auch David und Jonas, die sich danach entschieden haben, Marc zu betreuen. Für alle drei ist die Aufgabe eine große Herausforderung – und ein intensives Lernfeld, in dem sie wichtige Kompetenzen für ihr Leben erwerben.

1. ZEIT FÜR EINE ANDERE LERNKULTUR

1.1 **1.2** 1.3 1.4

Zum Beispiel: Giuliana aus Ahlen

Giuliana ist seit zwei Jahren Hausaufgaben-Buddy. Als Schülerin der 10. Klasse hilft sie Schülern der unteren Klassenstufen im Rahmen der Nachmittagsbetreuung bei ihren Hausaufgaben. Die Schüler profitieren nicht nur von der inhaltlichen Unterstützung bei den Hausaufgaben, sondern auch von der persönlichen Zuwendung, die Giuliana ihnen bei Konflikten mit Mitschülern oder Problemen in Schule und Elternhaus zuteil werden lässt.
Die Hausaufgaben-Buddys werden für die Betreuung eigens trainiert. Sie lernen, wie man Schüler ermutigt und motiviert und wie man konstruktiv mit Konflikten umgeht. In der Realschule Ahlen gibt es neben den Hausaufgaben-Buddys noch zwei weitere Buddy-Projekte:
- Nachhilfe-Buddys, die einen „Nachhilfe-Führerschein" erwerben, indem sie sich die erforderlichen Kompetenzen für das Vermitteln von Lernstoff und das Fördern anderer Schüler aneignen,
- Klassen-Buddys, die Ansprechpartner für Probleme sind und dem sozialen Klima in der Klasse besondere Aufmerksamkeit schenken.

Zum Beispiel: Zeki, Gamze und Dennis aus Göllheim

Diese drei Jugendlichen der 8. Klasse haben zu Schuljahresbeginn die Patenschaft für eine neue 5. Klasse übernommen. Nachdem sie selbst in einem Klassenprogramm Grundkenntnisse in Konfliktberatung und Kommunikation erworben haben, entschlossen sie sich zu einer weiterführenden Ausbildung zum Streitschlichter. Ihr Wissen können sie nun bei der frisch zusammengewürfelten Eingangsklasse anwenden. Für die neuen Schüler gehören „ihre Paten" einfach dazu, und wenn es Ärger gibt, bitten sie diese um Unterstützung.

David, Jonas und die anderen sind sechs aus einer Reihe zahlreicher Buddys, die in ihren Schulen Verantwortung übernehmen und Mitschüler in den unterschiedlichsten Feldern begleiten, anleiten und betreuen, …
- … wie die Schüler der 10. Klasse einer Realschule in Göttingen, die ein gemeinsames Unterstützungssystem für ihre Abschlussklausur erdacht haben und sich gemeinsam vorbereiten,
- … wie die Buddys einer Hauptschule in Düsseldorf, die Mitschüler, die häufig die Schule schwänzen, im Unterrichtsalltag begleiten und in die Klassengemeinschaft zu integrieren versuchen.

1. ZEIT FÜR EINE ANDERE LERNKULTUR

1.3 KOMPETENZEN FÜR DIE ZUKUNFT

Bildung von heute für die Welt von morgen

Kinder und Jugendliche, die Verantwortung für sich und andere übernehmen sollen, müssen dafür spezifische Kompetenzen entwickeln. Welche Kompetenzen sind das? Und welche Anforderung stellt ihre Vermittlung an Schule? Sicher ist, dass es sich dabei um Kompetenzen handelt, die das Zusammenleben bereichern – aber wie sieht die Gesellschaft, wie sieht das Zusammenleben von morgen aus?

„Welches sind die zukunftsfesten Kompetenzen, die Menschen benötigen, um in der neuen Welt zu bestehen?" (Prof. Dr. Wolfgang Edelstein in einem Vortrag auf der Konferenz „Kompetenzen für die Zivilgesellschaft", Berlin 2001).

Die Welt und damit die in ihr lebenden und sie gestaltenden Individuen befinden sich in einem grundlegenden Wandel, der insbesondere an Kinder und Jugendliche neue Anforderungen stellt. In der wissenschaftlichen und politischen Diskussion sind Mobilität und Flexibilität zentrale Begriffe. Die Menschen der Zukunft müssen mit dem steten Wandel leben lernen und sie werden in jeder Hinsicht mobil sein müssen.

Das Europäische Parlament nennt in diesem Kontext, unter anderem im Programm „KULTUR (2007–2013)", Migration und Identität als die großen Themen, denen die Gesellschaft sich in den nächsten Jahrzehnten stellen muss: Wie müssen Menschen (aus-)gebildet sein, die in einer Welt der Begegnung und der Vielfalt ihre kulturelle und persönliche Identität erwerben und bewahren – und überdies in Frieden miteinander leben wollen? Andreas Schleicher, Koordinator der PISA-Studie der Organisation für wirtschaftliche Zusammenarbeit und Entwicklung (OECD), beschreibt ein Szenario für die nahe Zukunft:

- **Demografische Entwicklung**

Im Jahr 2030 wird fast die Hälfte der deutschen Bevölkerung über 65 Jahre alt sein. Der Anteil der unter 35-Jährigen wird etwa doppelt so schnell schrumpfen wie der Anteil älterer Menschen wächst. Die Zahl der Menschen im erwerbsfähigen Alter wird in Deutschland von 40 Millionen auf 30 Millionen sinken.

- **Migration**

Das Deutsche Institut für Wirtschaft (DIW) prognostiziert, dass Deutschland im Jahr 2020 jährlich eine Million Migranten integrieren müsste, um die Zahl der Erwerbsfähigen konstant zu halten.

- **Beschäftigung**

Die industrielle Produktion in den OECD-Staaten wird sich bis 2020 noch einmal verdoppeln. Der Anteil derjenigen, die in der industriellen Produktion beschäftigt sind, wird auf ein Zehntel der heutigen Zahl schrumpfen. Den Rest werden „Wissensarbeiter" bilden, deren „Kapital", ihr „Wissen", schnell veraltet.

Wolfgang Edelstein nennt in seinem Vortrag (Quelle: a.a.O.) fünf große Transformationsprozesse, denen die Gesellschaft sich ausgesetzt sieht und für deren Bewältigung die Menschen in Zukunft sozialisiert und ausgebildet werden müssen:

- **Wissensgesellschaft**

Sie ist gekennzeichnet durch Destabilisierung vorhandener Informationsstrukturen, schnelles Veralten und ständige Erneuerung und Expansion von Information und Wissen.

- **Mediengesellschaft**

Sie ist gekennzeichnet durch Bedürfnismanipulation und Relativierung von Distanz: Medien sind allgegenwärtig und können unmittelbar in die persönliche Sphäre des Einzelnen eindringen.

- **Globalisierung**

Sie ist gekennzeichnet durch Ablösung der industriellen Arbeitsgesellschaft und ihrer staatlichen Steuerbarkeit: Finanzmärkte, nicht die Politik, bestimmen die Entwicklung des Arbeitsmarkts.

- **Interkulturelle Gesellschaft**

Sie ist gekennzeichnet durch den Verlust einer traditionshomogenen ethnisch-kulturellen Einheit der Lebenswelt: Die Vielfalt der Kulturen diffundiert in eine von den Medien geformte Einheitskultur.

- **Entterritorialisierung der Politik**

Sie ist gekennzeichnet durch Globalisierung der politischen Strukturen und Regelungssysteme: Entscheidungen über das eigene Lebensumfeld werden in undurchschaubaren, international gewirkten Strukturen getroffen – und führen zu einem Verlust der Einflussnahme.

1. ZEIT FÜR EINE ANDERE LERNKULTUR

1.1　1.2　1.3　1.4

Bildung als Schlüssel zur Zukunftsfähigkeit

Der herkömmliche Fächerkanon in Schule befähigt Kinder meist nicht, in einer solcherart komplexen und undurchsichtigen Welt bestehen zu können. Angesichts der Themen, die uns bereits heute beschäftigen, werden neben kognitiven auch kulturelle und soziale Lernziele bedeutsam. Persönlichkeitsbildung oder, im umfassenderen Sinne, Menschenbildung kann zum Kapital einer mobilen und flexiblen Gesellschaft werden.

Die OECD fordert daher in der Publikation „Bildung auf einen Blick", dass der umfassendere Begriff „Kompetenzen" den tradierten Begriff „Wissen" ablösen und Schule sich von der bloßen Wissensvermittlung auf die Entwicklung umfassender Kompetenzen umstellen soll. Als Antwort auf die Herausforderungen der Wissens- und Mediengesellschaft definiert sie folgende Schlüsselkompetenzen:

1. **die Fähigkeit, die kognitiven und technischen Instrumentarien der Gegenwart zielbewusst einzusetzen** (Fachkompetenz),
2. **die Fähigkeit, autonom zu handeln,** um mit der Manipulation der Bedürfnisse und den Folgen der Abhängigkeit von globalen Strukturen umgehen zu können (Selbstkompetenz),
3. **die Fähigkeit, in heterogenen Gruppen erfolgreich zu interagieren,** also in einer globalisierten, interkulturellen Welt mit Vielfalt umgehen zu können (Sozialkompetenz).

Handeln in der zivilen Gesellschaft

Wolfgang Edelstein präzisiert in seinem Vortrag folgende drei basalen Kompetenzen, die Kinder und Jugendliche brauchen, um im Hinblick auf zivilgesellschaftlich verantwortliches Handeln in der gesellschaftlichen Transformation der Welt bestehen zu können:

1. **Einsicht** im Sinne eines aufgeklärten Verstandes, einer verständigen Verarbeitung der Information (Fachkompetenz),
2. **Selbstwirksames Handeln,** die Überzeugung eigener Handlungsfähigkeit (Selbstkompetenz),
3. **Fähigkeit zum Perspektivenwechsel** als grundlegende Kompetenz, aus der soziales Handeln, Kooperationsvermögen, aber auch das moralische Urteil im Hinblick auf Gerechtigkeit, Fürsorge und Angemessenheit des Handelns in Interaktion mit anderen hervorgehen (Sozialkompetenz).

Diese zentralen Kompetenzen sind verknüpft mit einer ganzen Reihe weiterer spezifischer Kompetenzen, die Elemente von Fachkompetenz, Selbstkompetenz oder Sozialkompetenz enthalten können und einander wechselseitig bedingen. Kommunikationskompetenz beispielsweise beinhaltet Elemente aller drei Bereiche: die Fähigkeit zu kommunizieren, den Selbstausdruck und die Kontaktaufnahme mit anderen.

In der wissenschaftlichen Diskussion wird der Kanon der drei Kompetenzbereiche teilweise um die Methodenkompetenz oder um inhaltliches Basiswissen erweitert.

Neue Lernkultur durch soziale Handlungskompetenz

Das Buddy-Projekt als Programm, das auf die Eigenverantwortlichkeit und den Gemeinsinn der Kinder und Jugendlichen orientiert ist, bewegt sich als soziales Lernprogramm im Bereich der Sozialkompetenz, fördert aber die anderen Kompetenzbereiche mittelbar mit: Schüler, die soziales Handeln erfolgreich und bestätigend erlebt haben, werden in ihrer Selbstwirksamkeit bestärkt. Sie erwerben ein Wissen, das aus der unmittelbaren Erfahrung erwachsen ist und ihnen als Strategie für weitere Anwendungen zur Verfügung steht, sofern sie es reflektieren.

Aus diesem Grund sprechen wir im Buddy-Projekt auch von **sozialer Handlungskompetenz**, da die im realen Kontext handelnd erworbenen Erfahrungen die soziale Kompetenz erst erschließen. Um den Prozess aus unmittelbaren und mittelbaren Wirkungen beim Kompetenzerwerb genauer zu fassen und für das Lernen nutzbar zu machen, ist es erforderlich, den für das Buddy-Projekt zentralen Begriff der sozialen Handlungskompetenz näher zu benennen und zu beschreiben.

1. ZEIT FÜR EINE ANDERE LERNKULTUR

1.1 1.2 1.3 **1.4**

Exkurs: Soziale Handlungskompetenz

Aus Kompetenz erwächst nicht zwangsläufig kompetentes Handeln. Um sozial kompetent zu handeln und beispielsweise einem Mitschüler in Not zu helfen, muss ein Jugendlicher in der Lage sein, seine Kompetenz auch zum richtigen Zeitpunkt anzuwenden, d.h. seine Ressource in einer konkreten Situation zu nutzen. Um eine soziale Kompetenz zu einer Handlungskompetenz zu machen, bedarf es der Fähigkeit und der Bereitschaft einer Person, „ein inneres, kognitives Abbild einer sozialen Situation [...] hinsichtlich der Anforderungen (Situationskonzept) sowie von sich selbst in dieser Situation (Selbstkonzept) zu entwickeln, daraus abgeleitet (allein oder gemeinsam mit anderen) Ziele zu entwerfen und zu formulieren, situations- und zielangemessenes Handeln zu planen, durchzuführen und zu bewerten und schließlich über diesen Prozess zu reflektieren und zu kommunizieren."
(Becker, Manfred: Personalentwicklung als Kompetenzentwicklung, München 2002).

Im Buddy-Projekt erwerben Buddys in eben diesem komplexen Wirkungszusammenhang an realen Problemstellungen die nachhaltige Befähigung, verantwortlich zu handeln: Sie entwerfen und erproben gemeinsam Lösungen und reflektieren beständig die Ergebnisse ihres Handelns in der Gruppe. Aus Handlung und Reflexion erwächst Erfahrung, die sich als Wissen manifestiert, welches wiederum für weitere Aufgabenstellungen zur Verfügung steht. Diese Erfahrung lässt sich als Handlungskompetenz bezeichnen. Das Buddy-Projekt bildet damit einen Baustein zur Gestaltung einer Lernkultur, in welcher Lernen eigenverantwortlich, im sozialen Kontext der Gruppe erfolgt und an unmittelbare Erfahrungen der Kinder und Jugendlichen anknüpft.

Die Vielfalt sozialer Handlungskompetenzen

Sozialkompetenz heißt, situativ angemessen handeln können. Sie wird erst durch Erfahrungen zur Handlungskompetenz. Was genau der Begriff „soziale Kompetenz(en)", bezeichnet, ist jedoch nicht präzise definiert. In der Fachliteratur handelt es sich um einen Sammelbegriff, der für unterschiedliche Wissensbestandteile, Fähigkeiten und Fertigkeiten verwendet wird. Kanning spricht daher lieber vom „sozial kompetenten Verhalten", das die Handlungsweise einer Person bezeichnet, mit der sie eigene Ziele verwirklicht, ohne gleichzeitig die soziale Akzeptanz des Verhaltens zu gefährden (Kanning, Uwe Peter: Soziale Kompetenz, München 2002).
Wer sich also sozial kompetent verhält, handelt gewissermaßen sozial akzeptiert oder „erwünscht". Die Interpretation, was „erwünschtes" Verhalten ist, hängt jedoch immer vom Kontext einer Situation ab. Das „sozial erwünschte" Verhalten bedingt sich immer aus der Interpretation einer Situation, den daraus folgenden Handlungen und dem Kulturkreis, in dem sich jemand bewegt.
Was in einer Gruppe als sozial kompetentes Verhalten gilt, muss daher immer ausgehandelt werden. Dieser Aushandlungsprozess setzt jedoch in der Klasse und der gesamten Schule eine Kultur der Beteiligung, also ein Demokratieverständnis voraus. Dieses ist insofern alltags- und handlungsrelevant, als es an den Interessen, Bedürfnissen und realen Problemen der Schüler ansetzt – und somit ein eigenes wichtiges Lern- und Handlungsfeld bildet, in dem Schüler und Lehrer miteinander Schulkultur gestalten.

1.4 KOMPETENZEN VON BUDDYS

Das Buddy-Projekt kann in der Schule mit unterschiedlicher Zielsetzung eingesetzt werden: Im Unterricht kann es dazu beitragen, fachliches Lernen zu ermöglichen und Lerninhalte zu erschließen. Außerhalb des Unterrichts fördert es Aufbau und Gestaltung einer sozialen Schulkultur.

Das Prinzip dabei ist, dass Buddys als „qualifizierte Helfer" in Partner- oder Gruppenkonstellationen selbstverantwortlich Aufgaben übernehmen, die unterschiedlich komplex sind:

1. ZEIT FÜR EINE ANDERE LERNKULTUR

1.1 1.2 1.3 **1.4**

Die Anleitung von jüngeren Buddys durch erfahrene Buddys erfordert mehr und andere Kompetenzen und Fertigkeiten als die Tätigkeit eines Pausen-Buddys. Lernhelfer bei Hausaufgaben benötigen andere Kompetenzen als Buddys, die im Klassenrat tätig sind.

Bei Schülern mit unterschiedlichen Kompetenzen besteht die Gefahr, dass Statusunterschiede etabliert oder gefestigt werden. Hier kommt dem Lehrer als Coach die zentrale Rolle zu, die Jugendlichen mit der Grundhaltung eines Buddys vertraut zu machen, der im Helfen und Begleiten ein Lernfeld für sich selbst erkennt.
Viele Kinder und Jugendliche verfügen bereits über beachtliche (soziale) Kompetenzen, haben es aber nicht gelernt, diese handelnd anzuwenden und reflektierend zu festigen. Für Lehrer stellt sich folglich die Aufgabe, dies zu ermöglichen, d.h. diese Kompetenzen zu identifizieren und den Schülern Gelegenheit zu geben, sie einzusetzen und ihr Handeln zu reflektieren. Dies bedeutet zugleich eine große Chance, an den Interessen und Fähigkeiten der Kinder und Jugendlichen anzusetzen. Daran anknüpfend lassen sich dann weitere Kompetenzen aufbauen.

Welche Kompetenzen aus dem umfangreichen Feld der sozialen Kompetenzen benötigen Buddys also, um ihre Rolle erfolgreich ausfüllen zu können?

Wir unterscheiden
- Kompetenzen, die für alle Buddys gelten. Sie beinhalten basale Fähigkeiten und Fertigkeiten, die für das Helfen, Begleiten und Beraten von Peers, also von Kindern und Jugendlichen aus der gleichen Alters- und Bezugsgruppe, erforderlich sind.
- Spezifisches Wissen, das Buddys für spezifische Handlungsfelder erwerben müssen, beispielsweise zum Thema Mobbing.

Kompetenzen für alle Buddys

| urteilt wertschätzend | übernimmt Verantwortung | handelt demokratisch | agiert partizipativ |

Haltung

Schüler

Kompetenzen

Helfen/Begleiten/Beraten
- weiß, wie man hilft und kennt seine Grenzen
- weiß um die Probleme der Peers

Perspektivenübernahme
- kann sich empathisch einfühlen
- kann das Handeln anderer richtig einschätzen

Gesprächsführung
- kann aktiv zuhören
- kann hilfreiche Fragen stellen
- sendet Ich-Botschaften

Konfliktfähigkeit
- kann Konflikte konstruktiv lösen
- agiert wertschätzend
- kann Konflikte im Vorfeld vermeiden

Kooperationsfähigkeit
- kann synergetisch agieren
- kennt sein Fähigkeiten
- schätzt Fähigkeiten anderer

Lernkompetenz
- weiß, wie man sich Informationen aneignet

Gefühle und Bedürfnisse erkennen und ausdrücken
- kann mit eigenen und fremden Gefühlen umgehen

Reflexionsfähigkeit
- kann eine Situation analysieren
- kann einen Transfer vornehmen

1. ZEIT FÜR EINE ANDERE LERNKULTUR

1.1 1.2 1.3 1.4

Erläuterung der verschiedenen Kompetenzen

Helfen/Begleiten/Beraten
Mit dieser elementaren Kompetenz für Buddys ist gemeint, dass die Person sich der diversen Probleme vieler Peers bewusst ist und weiß, wie man anderen helfen kann bzw. wo man Hilfe findet.
Voraussetzung dafür sind Einfühlungsvermögen im Kontakt mit anderen, die Fähigkeit, Bedürfnisse bzw. einen Mangel- oder Bedarfszustand bei anderen wahrzunehmen sowie ein hohes Maß an Selbstbewusstsein. Nur jemand, der ein Wissen davon hat, wer er ist, was er kann und wo seine persönlichen Grenzen liegen, vermag andere zu bestärken.

Gesprächsführung
Als kommunikative Kompetenz wird die Fähigkeit einer Person bezeichnet, in Gesprächen und Interaktionsprozessen einen kontrollierten Dialog führen und sowohl eigene Interessen vertreten als auch auf die Wünsche und Bedürfnisse der Kommunikationspartner eingehen zu können. Diese Kompetenz ist bei Menschen sehr unterschiedlich ausgeprägt und kann etwa durch allgemeine Informationen über Kommunikationsverhalten und Erproben sowie Reflektieren des eigenen Gesprächsverhaltens trainiert werden. Voraussetzungen für eine gelungene Kommunikation sind die Fähigkeit zum aktiven Zuhören, hilfreiche Fragestellungen, verständnisvolle Reaktionen und die Wertschätzung eines Gesprächspartners sowie die Authentizität der signalisierten Gefühle.

Kooperationsfähigkeit
Gemeint ist die Fähigkeit, partnerschaftlich mit anderen bei der Lösung einer (Gesamt-)Aufgabe zusammenzuarbeiten. Um gut kooperieren zu können, ist eine hohe Kommunikationsbereitschaft notwendig sowie eine realistische Einschätzung der eigenen und fremder Fähigkeiten. Die Fähigkeiten der einzelnen Mitglieder innerhalb eines kooperativen Arbeitsprozesses erhöhen sich um ein Mehrfaches, weil Sachverstand und Fachkompetenzen aller Beteiligten ineinandergreifen und die Motivation Einzelner, Leistung zu erbringen, in einer Gruppe wächst oder Fehler durch andere Gruppenmitglieder frühzeitig korrigiert werden können. Gelungene Kooperation setzt voraus, dass sich die Beteiligten nicht nur den Gruppeninteressen unterordnen müssen, sondern individuelle Handlungs- und Entscheidungsspielräume beibehalten werden.

Lernkompetenz
Lernkompetenz meint die Fähigkeit, das eigene Lernen zu steuern und Lernvorgänge selbstständig zu strukturieren; es geht also um das Wissen, wie man lernt. Gerade im Kontext der Entwicklung neuer Informationstechnologien gewinnt das selbstorganisierte Lernen, bei dem jedes Individuum die Lernprozesse mehr und mehr eigenständig lenkt und sich Informationen selbst aneignet, zunehmend an Bedeutung. Das setzt unter anderem auch Lernbereitschaft voraus, also eine positive Haltung, sich Fähigkeiten und Wissen anzueignen.

Erkennen und Ausdrücken von Gefühlen und Bedürfnissen
Diese Kompetenz beinhaltet zugleich Wahrnehmungs-, Ausdrucks- und Empfindungsfähigkeit. Erst aufgrund der Verarbeitung der wahrgenommenen Sinnesempfindungen aus dem eigenen Körper und der Umwelt ist ein Mensch in der Lage, mit seiner Umwelt angemessen in Kontakt zu treten. Sich selbst zu erkennen ist erforderlich, um andere anerkennen zu können. Jede Selbstwahrnehmung umfasst die Diagnose von Gefühlen und Einstellungen, die differenzierte Wahrnehmung von psychischen Zuständen und die Feststellung von Fähigkeiten und Verhaltensmerkmalen. Sie bildet sich durch Selbstbeobachtung und durch Fremdwahrnehmung.

Reflexionsfähigkeit
Im Mittelpunkt steht hier das Vermögen, eine Situation oder ein Problem hinreichend analysieren zu können. Dazu gehört, eine Sachlage zu verstehen und von verschiedenen Seiten zu betrachten, gegebenenfalls auch den eigenen Anteil daran zu erkennen, im Vorfeld unterschiedliche Varianten für die Lösung eines Problems zu entwickeln und sich für einen Lösungsweg zu entscheiden bzw. im Nachhinein die Erfolge und Misserfolge zu reflektieren. Eng verbunden mit der Fähigkeit, in einen Prozess des Nachdenkens zu gelangen und beispiels-

1. ZEIT FÜR EINE ANDERE LERNKULTUR

1.1 1.2 1.3 **1.4**

weise ein bestimmtes Verhalten kritisch zu hinterfragen, ist es, einen Transfer vorzunehmen, also Erfahrungen oder Wissen auf andere Anwendungsbereiche zu übertragen.

Konfliktfähigkeit

Der Begriff der Konfliktfähigkeit beschreibt die Fähigkeit, eine Auseinandersetzung aufzunehmen und auf konstruktive Art zu bewältigen. Eine konstruktive Konfliktbewältigung impliziert eine faire Streitkultur sowie die Suche nach einer angemessenen Lösung auf einer sachlichen, nicht auf einer emotionalen Ebene. Ein konstruktiver Weg der Konfliktlösung kann es sein, einen Kompromiss zu finden, für den beide Konfliktparteien einen Teil ihrer Forderungen und Ansprüche aufgeben. Es wird ebenfalls als konfliktfähiges Handeln bezeichnet, widersprüchliche Interessen oder Unstimmigkeiten in zwischenmenschlichen Beziehungen frühzeitig zu erkennen und Auseinandersetzungen nach Möglichkeit bereits im Vorfeld zu vermeiden.

Perspektivenübernahme

Die Perspektive wechseln zu können ist eine grundlegende soziale Kompetenz, um zu verstehen, warum sich das Denken anderer Menschen vom eigenen unterscheidet. Sie bezeichnet die Fähigkeit, sich in die Gedanken, Gefühle oder Situation anderer hineinversetzen zu können, sich einzufühlen und einen gegebenen Sachverhalt von verschiedenen Gesichtspunkten her zu betrachten.

1. ZEIT FÜR EINE ANDERE LERNKULTUR

1.1 1.2 1.3 1.4

Soziale Handlungskompetenz für Buddys

Natürlich sind die sozialen Kompetenzen in ihrer gesamten Komplexität und Vielfalt von Buddys kaum zu erwerben. Sie erheben auch nicht den Anspruch auf Vollständigkeit, sondern beschreiben ein Feld, das ergänzt, teilweise auch ausgehandelt werden muss. Sie umreißen vielmehr das Lern- und Handlungsfeld eines „idealen Buddys", aus dem je nach persönlicher Disposition, Schulkultur und sozialem Kontext die benötigten Kompetenzen abgeleitet werden können.

Das Buddy-Projekt bietet dabei
- Kompetenz-Training für die unterschiedlichen Handlungsfelder, denen sich die Buddys stellen,
- die Anwendung der Kompetenzen in Handlungsfeldern, die sich aus den realen Bedingungen des Schulalltags und des Lebensumfelds der Kinder und Jugendlichen ergeben,
- ein System, das den Erwerb sozialer Handlungskompetenz in einem geschützten Rahmen ermöglicht.

Aus all diesen erworbenen Kompetenzen sowie der persönlichen Disposition und dem kulturellen Umfeld der Buddys erwächst eine Haltung, in der sozial kompetentes Verhalten und die Übernahme von Verantwortung zu einem „Persönlichkeitsbestandteil" werden. Demokratisches Handeln und Wertschätzung bilden die Grundlage für den Umgang miteinander. Die Anerkennung und damit der Selbstwert des Gegenübers steigen, wenn der Buddy die Arbeit mit ihm als gemeinsamen Lernprozess versteht, von dem beide profitieren können. Auf diese Weise nivelliert sich ein möglicher Statusunterschied.

Wie kann eine Kompetenz so erworben werden, dass sie den Selbstwert steigert? Um hier die Messlatte für die Buddys nicht zu hoch zu hängen, sollten jeweils nur diejenigen sozialen Kompetenzen eingeübt werden, die für die Lösung der aktuellen Problemstellung erforderlich sind. Unerlässlich für Buddys ist darüber hinaus spezifisches Wissen für bestimmte Aufgabenfelder. Kompetenzen, also Erfahrungen, Wissen und daraus abgeleitete Strategien für spezifische Lernfelder, entstehen mit den speziellen Anforderungen der jeweiligen Aufgabe, die Buddys zu erfüllen haben. Für Buddys, die Mitschülern beim Lernen helfen, sind dies Kenntnisse in der Partnerarbeit und im Vermitteln von Inhalten. Für Buddys auf dem Pausenhof kann es hilfreich sein zu wissen, wie man Konflikte deeskaliert usw.

Qualifiziertes Helfen braucht ein System

Die Vielfalt der Kompetenzen macht deutlich: Jeder Buddy benötigt ein gut funktionierendes Unterstützungssystem in der Schule, um seiner jeweiligen Aufgabe gerecht werden zu können. Notwendig ist
- die Qualifikation durch gezielte Trainings für die Rolle als „qualifizierter Helfer", Begleiter und Berater,
- ein Hilfe organisierendes System im Sinne eines die Schule umgebenden Netzwerks, das bei Bedarf verfügbar ist, wie zum Beispiel die Jugendhilfe,
- ein Team von Buddys, das sich gegenseitig stützt und fordert,
- die kontinuierliche Begleitung und Beratung durch Lehrer, die eine Haltung als Coach und Lernbegleiter im Sinne eines umfassenden Lernens einnehmen.

Letzteres bedeutet konkret: Auch die begleitenden Lehrer benötigen bestimmte Kompetenzen, die sich aus denen der Buddys herleiten. Zu beachten ist dabei, dass der Lehrer ein positives Rollenbild darstellt – nicht nur für Buddys, sondern für alle Schüler. Sein Umgang mit ihnen wird sich wie ein Spiegelprozess im Umgang der Buddys mit ihrem jeweiligen Gegenüber abbilden. Der begleitende Coach, der den Schülern die Erkenntnisse nicht übermittelt, sondern ihnen einen Raum eröffnet, in dem sie selbst Verantwortung übernehmen, wird Schüler in der Klasse haben, die eine demokratische Lernkultur leben.

„Ich kann etwas!" – die eingangs zitierte Intention des Buddy-Projekts, Kindern und Jugendlichen diese Erfahrung in ihrem Leben zu ermöglichen und sie darüber hinaus zu motivieren, als Buddys auch anderen zu dieser Erfahrung zu verhelfen, zielt also nicht allein auf die Gruppe der sozial kompetenten Buddys, sondern vielmehr auf alle Schüler einer Klasse oder einer Schule.

2.

Lernen mit System

2. SOZIALES LERNEN MIT SYSTEM

Die Grundlagen des Buddy-Projekts

Das Buddy-Projekt bezieht seine methodisch-didaktische Grundlage aus zwei Quellen: der humanistischen Pädagogik und der konstruktivistischen Didaktik. Aus der einen leitet sie das Menschenbild her, die andere steuert wesentliche Aspekte des didaktisch-methodischen Konzepts bei.

Befähigung zum eigenen Handeln

Dem Buddy-Projekt liegt das ganzheitliche und positive Menschenbild der humanistischen Pädagogik zugrunde. Es geht von der Annahme aus, dass Menschen fähig sind, ihr Leben selbst zu bestimmen und ihm Sinn zu geben, und betrachtet den Menschen als sozial und konstruktiv. Jedem Menschen wird die Fähigkeit zur Selbstverwirklichung eingeräumt. „Das Kind lernt am besten, wenn es seine Lernaktivität selber wählen kann, wenn Lernen erfahrungsorientiert und im Rahmen einer Aktivität stattfindet. Lernen soll nicht nur den Intellekt, sondern das Kind als Ganzes umfassen. Die Schule ist eine Gemeinschaft, die dem Kind soziales Lernen und den Aufbau von sozialen Beziehungen ermöglichen kann. Das Kind ist ein Individuum mit eigenen Rechten und verdient die Unterstützung seiner Umwelt entsprechend seiner Entwicklungsstufe." (Fatzer, Gerhard: Ganzheitliches Lernen, Paderborn 1998).

Das Ziel des Buddy-Projekts, Selbstwert und Selbstwirksamkeitsüberzeugung bei Kindern und Jugendlichen durch die Übernahme sozialer Verantwortung zu stärken, fußt auf dem Prinzip der Schülerorientierung. Es steht somit in einer Tradition, die von den klassischen Pädagogen Rousseau, Pestalozzi, Fröbel und Dewey über die humanistische Pädagogik der 60er-Jahre bis hin zu modernen Formen der Demokratiepädagogik oder des Kooperativen Lernens reichen. Die allen diesen Ansätzen eigene „Stärkung" oder „Ermächtigung" von Kindern und Jugendlichen spielt in der pädagogischen Diskussion als „Empowerment" eine zunehmend wichtige Rolle. Gemeint ist damit: Jemanden befähigen, selbst zu handeln.

Eine Didaktik der Beziehung

Vor diesem Hintergrund orientiert das Buddy-Projekt sein didaktisch-methodisches Konzept an den Erkenntnissen der neueren konstruktivistischen Didaktik im Sinne einer Didaktik der Beziehung. „Eine wesentliche Annahme der konstruktivistischen Didaktik ist ihre Begründung des Vorrangs der Beziehungs- vor der Inhaltsdidaktik. Beziehungen bilden den Rahmen und Kontext jeglicher Inhaltsvermittlungen ..." (Reich, Kersten: Konstruktivistische Didaktik, Weinheim und Basel 2006).

Der Konstruktivismus als Lerntheorie in der Tradition John Deweys („Learning by doing") und Jean Piagets beschreibt, dass der Lernende im Lernprozess eine individuelle Repräsentation der Welt schafft. Was jemand unter bestimmten Bedingungen lernt, hängt vor allem von ihm selbst und seinen Erfahrungen ab. Ein wichtiger Begründungszusammenhang, der auch für das Buddy-Projekt gilt: Lernen ist dann am effektivsten, wenn die Lernenden ihren Lernprozess umfassend selbst steuern können und dabei eingebunden sind in die soziale Interaktion einer Lerngruppe, die als Grundlage jeden Lernens Beziehung organisiert und Selbstwert schafft.

In diesen Begründungszusammenhängen hat das Buddy-Projekt sein methodisch-didaktisches Konzept in Form von drei zentralen Säulen organisiert: Peergroup-Education, Systemisches Denken und Handeln, Lebensweltorientierung. Daraus erwächst die Definition des Lernens im Buddy-Projekt (Seite 31 ff.) sowie die Rolle, die die Lehrkräfte darin einnehmen (Seite 40 ff).

2. SOZIALES LERNEN MIT SYSTEM

2.1 DIE DREI SÄULEN DES BUDDY-KONZEPTS

Säule 1: Das Konzept der Peergroup-Education

Was ist Peergroup-Education?

Kinder und Jugendliche können oft wirksamer mit anderen Jugendlichen des gleichen sozialen und kulturellen Hintergrunds über bestimmte Fragen diskutieren und dabei Einsichten gewinnen, als das mit Erwachsenen möglich wäre. Peers erleichtern und fördern also den Lernprozess, umso mehr, wenn Erwachsene und Lehrer sie dabei begleiten.

Diesen entwicklungspsychologischen Prozess nutzt die Peergroup-Education für ein Lernmodell, das insbesondere im sozialen Kontext wirksam ist. Ein wesentlicher Faktor ist dabei die größere Glaubwürdigkeit, die Peers im Vergleich zu Lehrern bei vielen Jugendlichen genießen. „Peer Educators", wie sie im angelsächsischen Raum häufig eingesetzt werden, können z. B. in der Prävention von Drogenmissbrauch als überzeugende Rollenmodelle dienen, indem sie den Verzicht auf Drogen vorleben. Sie schaffen eine Norm, innerhalb derer Drogengebrauch als negative Abweichung wahrgenommen wird und bieten entsprechend sinnvolle Alternativen an. Der Begriff Peergroup-Education kann durchaus unterschiedliche Bedeutungen annehmen. Wurde er ursprünglich als eine Form der Erziehung von jungen Menschen durch gleichaltrige junge Menschen verstanden, wird der Begriff „Peer" heute weniger eng definiert. „Peer Leaders" sind beispielsweise eher ältere als gleichaltrige Kinder und Jugendliche, was also auf eine Art Paten-Modell hinausläuft. Gelegentlich wird mit Peer auch der gleiche oder ein ähnlicher Status bezeichnet.

Exkurs: Geschichte der Peergroup-Education

Peergroup-Education hat eine lange Geschichte. Breit angewandt wurde sie erstmals Anfang des 19. Jahrhunderts in England und Amerika. Mit der Industrialisierung wurden damals Kenntnisse in Lesen und Schreiben für die Arbeiter unumgänglich. Es fehlten jedoch die dafür erforderlichen Strukturen. In dieser Zeit begann man, einige Schüler zu Tutoren auszubilden, die dann ihre Kenntnisse und Fähigkeiten an andere Kinder weitergaben. Mit der Entwicklung des Bildungssystems verlor dieses Modell jedoch an Bedeutung. Im 20. Jahrhundert spielten „Paten", also Schüler, die andere Schüler anleiten, nur in der Reformpädagogik der 20er- und 30-Jahre, insbesondere im Ansatz von Célestin Freinet, eine wichtige Rolle.

In großem Stil wurde die Peergroup-Education dann in den 50er-Jahren für Alphabetisierungskampagnen in Entwicklungsländern eingesetzt.

In den 80er-Jahren erinnerte man sich in der Präventionsarbeit zu den Themen AIDS und Drogen wieder an die Vorzüge der Peergroup-Education, besonders in Großbritannien und den USA. Mit der Zeit entstanden umfangreiche Programme im Bereich der Gesundheitserziehung, wie Anti-Raucher- oder Anti-Drogenprogramme. Im Bereich der Gewaltprävention werden vor allem Projekte zur „Peer-Mediation" angewandt. In der Arbeit der Jugendverbände ist Peergroup-Education seit vielen Jahren eine wesentliche Grundlage.

Die Bedeutung der Peergroup

Kinder und Jugendliche werden stark von ihrer Peergroup beeinflusst. Die meisten verbringen ab etwa zwölf Jahren mehr Zeit in ihrer Peergroup als mit ihren Eltern. Insbesondere bei der Entwicklung des Sozialverhaltens spielt die Gruppe eine entscheidende Rolle. In ihr erleben Kinder und Jugendliche ein hohes Maß an sozialer Solidarität und einen Kodex, der eigene Werte bewusst gegen die Wertvorstellungen der Erwachsenen stellt. Vielen Erwachsenen ist die „Clique", in der Jugendliche sich aufhalten, eher suspekt oder ein Grund zur Sorge.

2. SOZIALES LERNEN MIT SYSTEM

2.1 2.2 2.2.1 2.2.2 2.3

Peergroup-Education wendet den großen Einfluss, den die Peergroup auf die Entwicklung von Kindern und Jugendlichen hat, zu einer positiven pädagogischen Wirkung, indem deren Problemlösungskompetenzen in den Erziehungsprozess einbezogen werden. Im Zentrum steht das Empowerment, die Befähigung der Jugendlichen, als Experten für ihre eigenen Belange zu fungieren.

Erfahrungen amerikanischer Streetworker in der Arbeit mit Ghetto-Kids zeigen: Insbesondere bei Jugendlichen mit geringem Selbstwertgefühl, die nie erleben durften, dass ihr Tun eine Wirkung hat, kann dies nur in einer Taktik der kleinen Schritte mittels niedrigschwelliger und überschaubarer Prozesse geschehen, die Erfolgserlebnisse ermöglichen.

Gründe für den Einsatz von Peergroup-Education

Warum eignet sich Peergroup-Education als grundlegender pädagogischer Ansatz für das Buddy-Projekt?

- **Einfluss**
  Kinder und Jugendliche können den Informationsaustausch und damit den Lernprozess in ihrer Altersgruppe erheblich beeinflussen, je nach Kontext und Bedingungen.
- **Problemkenntnis**
  Kinder und Jugendliche verfügen über große Problemkenntnis, denn Situationen, in denen Gleichaltrige sich befinden (können), sind ihnen hinreichend bekannt. Als Buddys können sie anderen Jugendlichen, die Probleme haben, eine wichtige Stütze sein.
- **Rollenmodell**
  Buddys können als Vorbild für andere dienen. Sie können glaubwürdig deutlich machen, warum sie sich in schwierigen Situationen für diesen oder einen anderen Weg entschlossen haben.
- **Ressourcen**
  Oft stehen Schulen nur begrenzte personelle und zeitliche Ressourcen zur Verfügung. Das Buddy-Projekt kann für das Ziel, möglichst viele Kinder und Jugendliche zu erreichen, mittels Peergroup-Education Ressourcen zur Verfügung stellen: Buddys fungieren als Multiplikatoren für soziale Lernprozesse.

- **Selbstwirksamkeitsüberzeugung**
  Peergroup-Education bildet ein Modell für einen demokratischen Prozess, fördert also die demokratische Handlungskompetenz von Kindern und Jugendlichen. Sie erfahren: Mein Handeln hat Wirkung. Immer mehr Kinder und Jugendliche treten für die Interessen ihrer Altersgruppe ein. Sie beteiligen sich aktiv an Initiativen und engagieren sich im Klassenrat. Das Buddy-Projekt als Modell zur Förderung von Verantwortung baut ganz wesentlich auf diesen Zusammenhang.
- **Erfolgserlebnisse**
  Peergroup-Education unterstützt Eigenverantwortung und Führungspotenzial. Jugendliche erfahren durch die errungenen Erfolge Bestätigung. Die Erfolgserlebnisse erleichtern es, Verletzungen aus der eigenen Sozialisation zu überwinden und die Ursachen erlittener Ungerechtigkeiten zu analysieren.
- **Weitreichende Wirkung**
  Peergroup-Education wirkt über die Gruppe hinaus. Sie kann das familiäre und das kommunale Umfeld der Jugendlichen positiv beeinflussen.

Strukturmodell zur Umsetzung der Peergroup-Education im Buddy-Projekt

Die Systematik des Buddy-Projekts ist aus zwei Modellen gebildet, die gemeinsam eine Matrix darstellen:
- ein Modell der drei Interaktionsformen zwischen Peers,
- ein Modell der fünf Ebenen der Anwendung des Buddy-Projekts.

Sie bilden gemeinsam als Matrix von 15 Handlungsfeldern das Buddy-Projektraster, in dem sich Buddy-Projekte abbilden und verorten lassen (vgl. Seite 26).

2. SOZIALES LERNEN MIT SYSTEM

Drei Interaktionsformen zwischen Peers:
Folgende Interaktionsformen für Peergroup-Education finden Anwendung im Buddy-Projekt:

1. Altersübergreifend: Das Cross-Age-Modell
Ältere Schüler unterstützen jüngere oder jüngere unterstützen ältere in ihrem Lernprozess oder helfen ihnen bei Problemen. Altersübergreifende oder Cross-Age-Modelle entsprechen den in Deutschland an diversen Schulen eingeführten Paten- oder Mentoren-Modellen. Bei diesem Modell kann man an Projekte anknüpfen, die schon in vielen Schulen durchgeführt werden. Bekannt sind Projekte, in denen Schüler der oberen Klassen in weiterführenden Schulen als „Paten" Schüler der 5. Klasse dabei unterstützen, sich in der neuen Schule zurechtzufinden.

Diese Modelle sind für beide Seiten sehr effektiv. Die Jüngeren empfinden es als Wertschätzung, wenn Ältere sich um sie kümmern, und sind gern bereit, Ratschläge von ihnen anzunehmen. Zudem ist der Lerneffekt für die Buddys besonders hoch. Viele Schüler, die Verantwortung für andere übernehmen, machen durch das implizierte Lernen durch Lehren deutliche Fortschritte in der Persönlichkeitsentwicklung. Eine zu große Nähe zur Zielgruppe besteht beim Cross-Age-Modell kaum.

2. Von Gleich zu Gleich: Das Peer-to-Peer-Modell
Die Buddys als „qualifizierte Helfer" stellen ihre Kompetenzen Kindern und Jugendlichen zur Verfügung, die ihrer Peergroup angehören. Der Peer-Gedanke betont dabei die Ebene der Gleichheit, auf der sich die Buddys und die Mitschüler befinden, die von ihnen unterstützt werden. In dem Prozess des Helfens und Begleitens lernen beide: Buddy und Mitschüler. Der große Vorteil dieses Modells ist, dass die Buddys nahe an den Interessen, Verhaltensweisen und Umgangsformen der Mitschüler sind, mit denen sie arbeiten. Die große Nähe kann zum Risiko werden, wenn die Buddys in den Gruppen ihren Auftrag aus dem Auge verlieren oder in problematische Situationen einbezogen werden. Daher müssen sie von ihrem Coach aktiv begleitet und unterstützt werden.

3. Im gegenseitigen Austausch: Das Reverse-Role-Modell
Bei diesem Modell unterstützen sich Schüler gegenseitig. Das Reverse-Role-Modell eignet sich besonders für den Einsatz in Gruppen bzw. im Unterricht. Je nach Thema oder Fach ist ein Schüler (der) Buddy für den anderen und umgekehrt. So können beispielsweise zwei Schüler zusammenarbeiten, von denen der eine in Mathematik und der andere in Lesen gute Leistungen zeigt. Diese Form ist besonders geeignet, um die unterschiedlichen Fähigkeiten von Kindern und Jugendlichen zu betonen und in der Kooperation fruchtbar werden zu lassen. Wichtig ist, dass die Schüler gut vorbereitet werden und vor allem den Rollenwechsel beherrschen lernen, etwa durch ein Training zum Perspektivenwechsel.

Fünf Umsetzungsebenen für Buddy-Projekte:
Die Organisation des sozialen Lernens in fünf Ebenen erschließt die gesamte Bandbreite des Peergroup-Ansatzes für die Schule. Es bietet eine flexible Struktur, um Buddy-Projekte für unterschiedliche Bedarfe und Entwicklungsstufen umzusetzen und für jedes Projekt eine der spezifischen Situation und dem Entwicklungsstand der Schüler angemessene Form zu finden.

Ebene 1: Schüler helfen Schülern (Peer-Helping)
Schüler unterstützen sich gegenseitig oder bewältigen einfache Aufgaben gemeinsam.

Ebene 2: Schüler lernen miteinander (Peer-Learning)
Buddys helfen anderen Schülern beim Lernen.

Ebene 3: Buddys leiten Buddys an (Peer-Coaching)
Erfahrene Buddys leiten neu beginnende Buddys bei ihren Aktivitäten an.

Ebene 4: Buddys beraten Schüler (Peer-Counseling)
Buddys, die in einem speziellen Training ausgebildet und regelmäßig begleitet werden, beraten andere Schüler in Einzelsprechstunden oder im Rahmen einer klassenübergreifenden Buddy-Gruppe bei der Lösung von Problemen.

Ebene 5: Buddys vermitteln in Konflikten (Peer-Mediation)
Buddys übernehmen im Rahmen der Streitschlichtung unterstützende Funktionen für die betroffenen Schüler.

2. SOZIALES LERNEN MIT SYSTEM
2.1 2.2 2.2.1 2.2.2 2.3

Einfach starten

Die einzelnen Ebenen bauen in Bezug auf die Komplexität der sozialen Kompetenz für die involvierten Buddys aufeinander auf. Schulen, die noch keine oder nur wenig Erfahrung mit Peergroup-Education und Programmen zum sozialen Lernen haben, sollten mit einem Projekt auf Ebene 1 oder 2 beginnen. In einem einfachen Paten- oder Lernprojekt können die Buddys zum Beispiel im geschützten Rahmen ihrer Klasse erste Erfahrungen mit der neuen Rolle machen. Für diese erste Phase eines Buddy-Projekts eignen sich besonders Ansätze von Gleich zu Gleich oder im gegenseitigen Austausch, da die Schüler in ihrer eigenen Gruppe verbleiben können.

Der niedrigschwellige Einstieg ist auch empfehlenswert, weil die Buddys hier ihre Haltung erproben können. Bei allen Anwendungen soll deutlich werden, dass die Beteiligten stets auf Augenhöhe agieren und keine Statusunterschiede zwischen dem Helfer und demjenigen, der Hilfe annimmt, entstehen.

Projekte der Ebene 3 eignen sich erst, wenn Schüler ausreichend Erfahrung in beteiligungsorientierten sozialen Projekten erworben haben. Pausen-Buddys mit ausreichender Erfahrung können dann neue Pausen-Buddys anleiten und auf diese Weise zusätzliche Kompetenzen gewinnen.

Die Ebenen 4 und 5 erfordern spezifische Kompetenzen seitens der beteiligten Buddys. Die Beratung von Mitschülern bei Konflikten und das Handeln im Kontext der Mediation sollten nicht ohne ein spezifisches Training und ausreichende Erfahrung in sozialen Interaktionen eingeleitet werden.

Das Buddy-Projektraster

Die von Kurt Faller entwickelte 15-Felder-Matrix bildet ein Raster für sämtliche Formen der Anwendung von Buddy-Projekten. Die fünf Ebenen beschreiben ein Modell zunehmender Komplexität, jedoch nicht zunehmender Qualität. Ein Projekt der Ebene 2 kann ebenso wirksam und nachhaltig für die Veränderung der Schulkultur sein wie ein Projekt der Ebene 5.

Die drei Interaktionsformen (altersübergreifend, von Gleich zu Gleich und im gegenseitigen Austausch) beginnen mit dem Paten-Modell, da es an vielen Schulen bereits in der einen oder anderen Weise eingeführt ist. Die anderen beiden Formen benötigen eine Anleitung, in der die beteiligten Buddys ihre Rolle und Haltung erproben.

Kompetenz-vermittlung	Schüler helfen Schülern (Peer-Helping)	Schüler lernen miteinander (Peer-Learning)	Buddys leiten Buddys an (Peer-Coaching)	Buddys beraten Schüler (Peer-Counseling)	Buddys vermitteln bei Konflikten (Peer-Mediation)
Altersübergreifend (Cross Age)	1 Schüler als Paten	4 Schüler als Tutoren	7 Erfahrene bilden jüngere Buddys aus	10 Buddys beraten jüngere Schüler	13 Buddys unterstützen Streitschlichter
Von Gleich zu Gleich (In Peergroups)	2 Schüler als Helfer	5 Schüler helfen beim Lernen	8 Buddys unterstützen Buddys	11 Buddys beraten Peers	14 Buddys schlichten Konflikte
Im gegenseitigen Austausch (Reverse Role)	3 Schüler helfen sich gegenseitig	6 Schüler lernen voneinander	9 Austausch zwischen Buddy-Gruppen	12 Buddys beraten sich gegenseitig	15 Buddys geben Feedback zur Schlichtung

Entwicklung

© Kurt Faller

2. SOZIALES LERNEN MIT SYSTEM

Säule 2: Systemisches Denken und Handeln im Buddy-Projekt

Die Schule als komplexes System

Beziehungsorientierung ist die Grundlage des Buddy-Projekts. In dem daraus erwachsenden Kontext einer Beziehungsdidaktik ist es laut Kersten Reich „vorrangig wichtig, bei allen Beteiligten einerseits einen hohen Selbstwert zu erzeugen (…), andererseits eine wechselnde Wertschätzung zur Grundlage der Beziehungen zu machen (…)." (a.a.O.)
Doch was genau passiert in der Schule, wenn ein Modell wie das Buddy-Projekt die Interaktion und damit das Verhältnis zwischen den Beteiligten verändert?

Hier kann die Systemtheorie als interdisziplinäres Erkenntnismodell helfen, die möglichen Veränderungen zu beleuchten und zu verstehen. In den letzten Jahren ist ein Aspekt in den Blickpunkt gerückt, der das pädagogische Handeln von Lehrern zunehmend beeinflusst: Schulen sind komplexe Systeme in der Interaktion zwischen den verschiedenen Beteiligten.

- In der Arbeit in Schulen sind die Pädagogen eingebunden in ein „System" von Beschlüssen, Bestimmungen, Verordnungen und Strukturen, die ihr Handeln bestimmen.
- Das „System" eines Schülers wird vor allem durch seine familiäre Situation, seine soziale Lage und seine ethnische Herkunft bestimmt. Dies sind Faktoren, die jeden Schüler alltäglich in die Klasse begleiten und die Interaktionen in der Schule mitbestimmen.

In pädagogischen Prozessen haben wir es also in der Regel mit komplexen Systemen und Subsystemen zu tun, die aus der Wechselwirkung der unterschiedlichen (Sub-)Systeme (Schulbehörde, Lehrer, Schüler, Eltern …) resultieren. Wenn Programme zur Förderung sozialer Handlungskompetenz wie das Buddy-Projekt in ein solch komplexes System einwirken sollen, ist es wichtig, sich zu vergegenwärtigen, an welchen Stellen es ansetzen sollte, um eine Veränderung zu bewirken.

Was ist systemisches Denken?

„Um zu erklären, was systemisches Denken bedeutet, wird gern die Metapher des „Mobiles" gewählt: Wenn man an einer Stelle eine Veränderung vornimmt, verändert sich gleichzeitig auch viel an den anderen Punkten des Mobiles – vielleicht nur schwach an der einen Stelle, dramatisch stark an der anderen. Fast alle Bereiche, in denen Menschen mit Menschen arbeiten, lassen sich als solche „Mobiles" sehen." (Homepage der Systemischen Gesellschaft, Deutscher Verband für systemische Forschung, Therapie, Supervision und Beratung e.V., Berlin 2007).

Nicht nur der Einzelne und seine Verhaltensweisen stehen im Blickpunkt, sondern die Interaktion und die Muster der Interaktion zwischen den Beteiligten. Dieser Gedanke ist für den Schulalltag von großer Bedeutung, wo das „Nichtfunktionieren" von Schülern in der Regel zum Problem der betreffenden Kinder und Jugendlichen gemacht wird. So beziehen wir uns laut Kersten Reich in unseren Interaktionen mit anderen immer auf andere. „Wir leben in einem System von Kommunikation mit bestimmten Mustern, die wir dabei erzeugen. Und diese Muster wirken systemisch: Ich kann mich in solchen Mustern nicht nicht verhalten, sondern alles, was ich tue, hat wieder eine Rückwirkung auf den anderen und auf mich. Für kommunikative Situationen ist Zirkularität immer typisch."

2. SOZIALES LERNEN MIT SYSTEM

2.1 2.2 2.2.1 2.2.2 2.3

Grundlagen systemischen Denkens

Das systemische Denken ist hilfreich für
- das Verstehen der komplexen Zusammenhänge zwischen den Subsystemen, also den an Schule beteiligten Protagonisten,
- das Verständnis der Interaktion in Schule,
- das Suchen und Finden von Lösungen.

Um Veränderung zu erreichen, muss man nicht versuchen, einen Menschen zu ändern. Es ist in der Regel einfacher, Bedingungen, Arbeitsformen und das Zusammenspiel im Rahmen von Kommunikation und Interaktion umzugestalten und dadurch Lösungen für schwierige Prozesse zu finden.

Es ist typisch für komplexe Systeme wie Schule, dass wir nie das Ganze, sondern immer nur Teile davon zu Gesicht bekommen. Diese Begrenzung gilt sowohl für die Betrachtung größerer Systeme als auch für uns selbst. Heinz von Foerster, Kybernetiker und Konstruktivist, hat in diesem Zusammenhang einen der Kernsätze systemischer Arbeit formuliert: „Wir sehen nicht, dass wir nicht sehen, was wir nicht sehen." (KybernEthik, Berlin 1993). Je nachdem, durch welche „Brille" wir den anderen sehen, ist er für uns ein anderer Mensch.

Systemische Haltung in Veränderungsprozessen

Bei der Einführung von Konzepten zur Entwicklung sozialer Handlungskompetenz in der Klasse oder in das Schulprogramm ist es notwendig zu beachten, dass jede Intervention einen Veränderungsprozess in Gang setzt, der im konstruktivistischen Verständnis nicht vorhersagbare Effekte erzeugen kann: Jede noch so elaborierte soziale Kompetenz bewirkt nicht automatisch, dass Schüler sich auch tatsächlich in einer bestimmten Situation sozial verhalten. Aber sie bekommen die Wahl, dies zu tun. Daher ist es besonders wichtig, dass die Fähigkeit, dies wahlweise zu tun, auch dem pädagogischen Ziel der Entwicklung von Sozialkompetenz entspricht, um die Qualität der Optionen von Schülern und Lehrern in sozialen Interaktionen zu erhöhen.

Folgende Aspekte sind dabei besonders wichtig:

- **Ressourcenorientierung**

Ressourcenorientiert mit Menschen zu arbeiten heißt, von vornherein mit einer positiven Grundhaltung auf sie zuzugehen und eine Wertschätzung ihrer Leistungen zum Ausdruck zu bringen. Dabei ist es ein wichtiger Grundsatz, gerade bei der Bearbeitung von schwierigen Situationen erst einmal an den Dingen anzuknüpfen, die bisher schon gut gelungen sind. Dadurch können die in den Personen liegenden „Ressourcen" aktiviert, gestärkt und erweitert werden. Diese Ressourcen- oder Stärkeorientierung unterscheidet sich deutlich von der so genannten Defizitorientierung, die den Blick vor allem darauf lenkt, was eine Person nicht kann, wo sie „Defizite" hat, die behoben werden müssen. In der systemischen Grundhaltung erfolgt ein Perspektivenwechsel von der Problembeschreibung zur Beschreibung der Lösung.

- **Prozessorientierung**

Die Entwicklung sozialer Handlungskompetenz zielt auf Verhaltensänderung. Veränderungen im Verhalten sind indessen keine kurzfristigen und schon gar keine linear ablaufenden Prozesse. Jede Person und jede Gruppe hat dabei ihr eigenes Tempo und geht ihre eigenen Wege. Professionelle pädagogische Entwicklungsarbeit beinhaltet die Kompetenz, den Punkt zu erkennen, an dem sich die jeweilige Person oder Gruppe befindet und sie Schritt für Schritt vorwärts zu begleiten.

- **Beteiligungsorientierung**

Ob Menschen bereit sind, sich an Veränderungsprozessen zu beteiligen, entscheiden sie letztlich allein. Man kann sich nur von dem Punkt aus auf den Weg machen, von dem aus die Beteiligten bereit sind mitzugehen. Lehrkräfte und Schüler sollten daher von Beginn an in den Prozess der Erarbeitung von Konzepten einbezogen werden, um für ihren Bedarf und für ihre Bedürfnisse angemessene Inhalte entwickeln zu können. Die Beteiligung von Kindern und Jugendlichen an den sie betreffenden Fragen ist nicht nur eine essenzielle Forderung der UN-Kinderrechtskonvention. Sie ist auch ein wichtiger Aspekt der Förderung demokratischer Handlungskompetenz und aktiver Teilhabe am Schulleben.

2. SOZIALES LERNEN MIT SYSTEM

2.1 2.2 2.2.1 2.2.2 2.3

Die Schule als System

Systemisches Denken beschreibt die Zirkularität in der Interaktion zwischen den Beteiligten. Dies gilt auf der übergeordneten Organisationsebene ebenso wie in den Subsystemen und ist besonders zu beachten, wenn das Konzept der Entwicklung sozialer Handlungskompetenz über die Entwicklung einzelner Buddy-Projekte – zum Beispiel auf Klassenebene – hinausgeht und zu einem Buddy-System erweitert wird, das auf der Ebene der Schulkultur eine tragende Bedeutung haben kann. Um ein solches System zu gestalten, bedarf es der gesonderten Betrachtung der darin zusammenwirkenden Faktoren.

Soziales Lernen betrifft, das zeigt uns die Systemtheorie, alle Bereiche von Schule. Verändert sich die Sozialkompetenz der involvierten Personen, so werden sich auch das soziale Klima in der Klasse und zuletzt die Schulkultur verändern. Die Sozialkompetenz von Lehrern und Schülern gestaltet somit das soziale Klima in den Klassen, ist aber auch abhängig von der Schulkultur: Wo soziale und demokratische Handlungskompetenz Bestandteil des Schulprogramms sind, wird wiederum auch die Sozialkompetenz der Personen gefördert. Die drei Systeme (Individuen, Klasse, Schulkultur) sind also in einem zirkulären Bezugssystem eng miteinander verbunden. So bedingen und beeinflussen sie einander in wechselseitigem Zusammenwirken.

Das Buddy-Projekt im Rahmen eines Schulentwicklungsprozesses

Das Buddy-Projekt kann im Prozess einer Schulentwicklung eine wichtige Rolle spielen, indem es soziale Lernziele in den Fokus rückt und soziale und demokratische Handlungskompetenz als eine der Säulen des Schulprofils stärkt. Im Sinne der Ressourcenorientierung und der Wertschätzung sollte das Buddy-Projekt dabei an Initiativen ansetzen, die es in einer Schule bereits gibt. Viele Schulen haben eine Arbeitsgemeinschaft oder Projektgruppe zum sozialen Lernen ins Leben gerufen, in der unterschiedliche Programme zusammengebunden und koordiniert werden. Hier kann das Buddy-Projekt eine Klammer bilden, indem es den Gedanken der Schülerbeteiligung und der Demokratisierung durch Peergroup-Education einführt und zur Erweiterung bzw. (Re-)Aktivierung der bestehenden Programme nutzt.

Hilfreich zur Veranschaulichung solcher Ansatzpunkte kann in diesem Kontext das Pädagogische Hexagon von Kurt Faller sein, das mit seinen Leitfragen gewissermaßen ein Audit zum sozialen Lernen darstellt (Faller, Kurt: Mediation in der pädagogischen Arbeit, Mühlheim an der Ruhr 1998).

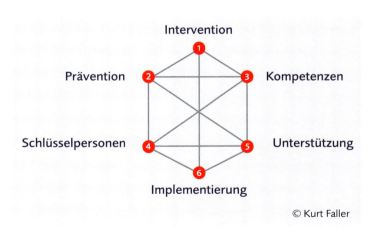

© Kurt Faller

Intervention: Wie geht die Schule bisher mit Konflikten um? Welche neuen Formen erscheinen sinnvoll?

Prävention: Welche Konflikte treten immer wieder auf? Welche präventiven Maßnahmen wären sinnvoll?

Kompetenzen: Über welche sozialen Kompetenzen verfügen die Schüler? Welche Kompetenzen sollten gefördert werden?

2. SOZIALES LERNEN MIT SYSTEM

2.1 2..2 2.2.1 2.2.2 2.3

Schlüsselpersonen: Welche Schlüsselpersonen bestimmen das soziale Klima? Wie kann man möglichst viele Lehrer gewinnen, sich an der Veränderung der Schulkultur zu beteiligen?

Unterstützungssysteme: Welche Kooperationen mit außerschulischen Partnern bestehen bereits? Welche weiteren wären für die Veränderungsprozesse hilfreich?

Implementierung: In welchen Formen ist soziales Lernen bereits im Schulprogramm enthalten? Wie kann es erweitert oder manifestiert werden?

Das Anwendungsfeld des Pädagogischen Hexagons wird ab Seite 52 ausführlich beschrieben.

Säule 3: Lebensweltorientierung

Lösungsorientierung macht Lernen leicht

Im konstruktivistischen Lernverständnis ist das Lernen als „Learning by doing" im Sinne John Deweys geprägt durch die soziale Konstruktion des Wissens. Jedes schulische Lernen ist demnach immer auch soziales Lernen, weil es in der realen Interaktion einer Gruppe stattfindet. Nach Kersten Reich ist „jedes Lernen, das Inhalte und Beziehungen von Menschen in den Kontext von Interessen, Motivation, aber auch Macht und Abgrenzung stellt, auch ein soziales Lernen." Dieses soziale Lernen an und in Beziehungen ist umso wirkungsvoller, wenn es sich an den realen Problem- und Fragestellungen der Kinder und Jugendlichen orientiert. Das Buddy-Projekt bietet hier ein weites Feld unmittelbaren Erfahrungslernens, das vielfältige Kompetenzen erfordert und ausbildet. Soziales Lernen ist in diesem Sinne eine übergreifende Schlüsselkompetenz für alle Fächer und Lebensbereiche, in denen soziale Interaktion stattfindet. Dabei ist es gleichgültig, ob es sich um Fragen des Lernens in einzelnen Fächern, Fragen von Regeln in der Klassen- und Schulgemeinschaft, Probleme von Schülern oder um gemeinsame Aktivitäten und Schulveranstaltungen handelt. Alle Felder bieten Lernmöglichkeiten für soziale Handlungskompetenz.

Das Buddy-Projekt knüpft an die vielfältigen Erfahrungsmöglichkeiten an, die bei vielen Projekten zum sozialen Lernen gegeben sind, und konzentriert sie vor dem Hintergrund des auf Seite 28 beschriebenen Prinzips der Ressourcenorientierung darauf, reale Probleme zu lösen. Die Schüler erwerben also ihre Schlüsselkompetenzen nicht durch Diskussion abstrakter Modelle und mit Hilfe didaktischer Herleitung, sondern orientiert an Fragen des realen Schulalltags, die sich ihnen ohnehin stellen.

Die Thematisierung realer alltäglicher Probleme beteiligt Kinder und Jugendliche um ein Vielfaches mehr als abstrakte Lernfelder. Dieser Ansatz kann für Lehrer eine erhebliche Erleichterung bedeuten, wenn es ihnen gelingt, den Bezug auf die schulische Lebenswelt zu einem Prinzip ihrer Arbeit zu machen: Das Buddy-Prinzip wird dadurch zu einem integralen Bestandteil des Unterrichtsalltags. Es kann in allen Fächern stattfinden und einen sozialen Rahmen schaffen, in dem Lernen besser gelingen kann. Das Buddy-Projekt ist also nicht curricular aufgebaut, sondern es ergänzt und erweitert das schulische Curriculum.

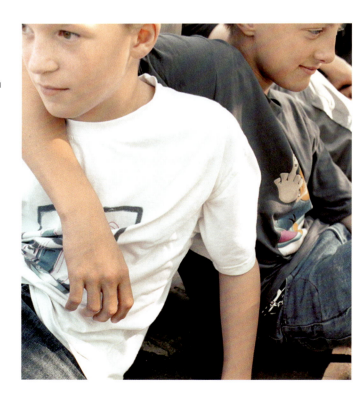

2. SOZIALES LERNEN MIT SYSTEM

2.1 2.2 2.2.1 2.2.2 2.3

Soziale Handlungskompetenz im Schulalltag

Der Erwerb sozialer Handlungskompetenz in alltäglichen Situationen ist ein Ansatz, auf den beispielsweise in der PISA-Studie hingewiesen wurde. In dem Bericht heißt es: „Für die Entwicklung von kooperativen und kommunikativen Verhaltensweisen spielt die Institution Schule eine wichtige Rolle. Schule stellt einen Lebensraum dar, der Schülerinnen und Schülern Gelegenheit für vielfältige soziale Erfahrungen bietet. Die ständige Interaktion mit Gleichaltrigen eröffnet den Jugendlichen zahlreiche Möglichkeiten, Kontakte zu knüpfen, Beziehungen aufrechtzuerhalten und Konflikte zu lösen. Lehrkräfte und vor allem auch ältere Mitschülerinnen und Mitschüler können dabei als Modelle wirken und bieten so die Möglichkeit für soziales Lernen. Der Klassenverband stellt ein soziales Setting dar, innerhalb dessen verschiedene Verhaltensweisen erprobt werden können."

Entscheidend neben der Lösungsorientierung, die sich auf alle Fragen des schulischen Lebens und Lernens bezieht, ist die Bereitschaft zur Verantwortungsübernahme. Buddy zu sein heißt, Verantwortung für sich selbst, für andere und für die Schule zu übernehmen. Die Schüler lernen dies am nachhaltigsten, wenn Verantwortungsübernahme Teil der Schulkultur ist, wenn alle an Schule Beteiligten diesen Ansatz leben – also auch Lehrer und Eltern. Die Lösung realer Probleme offensiv als Teil des Schullebens anzugehen, bedeutet für die Schüler mehr Beteiligungsmöglichkeit und ist ein entscheidender Schritt hin zu einer demokratischen Schulkultur. Das Buddy-Projekt unterstützt die Demokratisierung von Schule und fügt sich ideal in den Kontext einer demokratiepädagogischen Schulentwicklung ein.

2.2 LERNEN IM BUDDY-PROJEKT

2.2.1 Lernen als systemischer Prozess

Das Buddy-System im Beziehungslernen

Paul Watzlawick als Vertreter des radikalen Konstruktivismus hat in seinem Buch „Menschliche Kommunikation" als erstes seiner fünf pragmatischen Axiome formuliert, dass man in sozialen Situationen nicht nicht kommunizieren kann, da man nicht nicht wahrnehmen und sich auch nicht nicht verhalten kann. Man kann folglich nicht nicht interagieren und da im konstruktivistischen Sinne jede (schulische) Interaktion Lernen beinhaltet, kann man auch nicht nicht lernen.

Es geht daher vor allem darum, was und wie wir lernen. Eins der zentralen Anliegen des Buddy-Projekts besteht darin, Lernen in realen Handlungsfeldern zu ermöglichen und die Qualität des Lernens zu verbessern, indem Schüler beteiligt werden oder, wie es Reich formuliert, „schon früh lernen, ihre Wirklichkeiten in die eigenen Hände zu nehmen".

Sämtliche moderne Lerntheorien betonen die Bedeutung des Wechselspiels zwischen Inhalten und Beziehungen als Voraussetzung für Lernprozesse. Beziehungen werden hierbei in der Regel auf die Interaktion Lehrer – Schüler bezogen, wobei „Schüler" sowohl den Einzelnen bezeichnen kann als auch die Gruppe. Das Buddy-Projekt ergänzt das schulische Interaktionsmodell um eine dritte Kraft, den Buddy, als qualifizierten Helfer und Begleiter. Das so entstehende neue Beziehungs- und Lernsystem ist komplexer, erweitert es doch die Handlungsoptionen zwischen Lehrer und Lerner in vielfältiger Form. So verändert sich die Rolle und Haltung aller Beteiligten dergestalt, dass die dabei entstehende Dynamik jeweils Chancen für Entwicklung bietet, jedoch unbedingt reflektiert und begleitet werden muss. Eine Aufgabe für den Lehrenden ist es etwa, darauf zu achten, dass der Buddy nicht zum „Hilfslehrer" wird und dass keine Statusunterschiede vertieft werden. Hier wird idealtypisch die Qualität des Lernens im Buddy-Ansatz deutlich: Buddys und Mitschüler eignen sich das

2. SOZIALES LERNEN MIT SYSTEM

2.1 2.2 **2.2.1** 2.2.2 2.3

Lernen an, werden zu Konstrukteur und Ko-Konstrukteur, Akteur und Begleiter, Experten für unterschiedliche Aufgaben. Der Lehrende als Coach begleitet und steuert den Prozess.

Qualitäten eines ganzheitlichen Lernprozesses

Eine Schule, die in der Tradition von John Dewey und Hartmut von Hentig ihre Kernaufgabe, das Lernen, als erfahrungsorientiertes und demokratisches Lernen versteht und organisiert, wird neben dem kognitiven immer auch das soziale und das emotionale Lernen als untrennbaren Bestandteil eines ganzheitlichen Lernprozesses ansehen. Nach Kersten Reich ist dieser Lernprozess im Kontext einer Beziehungsdidaktik systemisch und fordert von Lehrenden und Lernenden in allen schulischen Kontexten die Beachtung elementarer Grundsätze als Bedingung für die Qualität des Lernens. Lernen soll demnach

- den Selbstwert fördern,
- Wertschätzung für sich und die Partner im Lernprozess enthalten, auch das Wertschätzen der Andersartigkeit, Unterschiedlichkeit, des Fremden,
- Selbstbestimmung ermöglichen und dadurch schülerorientiert ausgerichtet sein,
- lösungsorientiert sein statt auf Ursachen für Störungen fokussiert,
- Engagement und Distanz von Lehrenden und Lernenden kontextsituativ einfordern,
- Perspektivenvielfalt durch Abgleich von Hypothesen und Aushandeln von Wirklichkeiten berücksichtigen,
- soziale Kontexte in Rechnung stellen,
- Zirkularität durch Rückkopplungen und Feedbacks in den Prozess integrieren, auch als Impuls für ein „Lernen 2. Ordnung" und ein reflektiertes „Lernen lernen",
- viabel sein, also mit den Beteiligten „ausgehandelt" werden: „Passt" das jeweilige Sujet oder muss es „angepasst" werden, um als Lernstoff zu funktionieren,
- Lehrende und Lernende als Experten ihres Lehrens und Lernens begreifen,
- verstörend sein, um Innovation und Veränderung im Lernprozess zu initiieren.

Zirkuläres Lernen im Buddy-Projekt

Dass Lernen immer auch ein sozialer Prozess ist, zeigt die Theorie Jean Piagets, für den Lernen stets die Lösung eines kognitiven Konflikts bedeutet, der oft – und ursprünglich – ein sozialer Konflikt ist: Ein kognitiver Konflikt kommt zustande, wenn unterschiedliche Erkenntnisse oder Sichtweisen aufeinandertreffen. In solchen Auseinandersetzungen korrigieren und erweitern Lernende ihr Wissen, indem sie neue, andere Sichtweisen einnehmen oder sich von Vorurteilen lösen. In Einzelarbeit ist die verändernde Wirkung dieser Auseinandersetzung beschränkt, da sie lediglich im eigenen Kopf stattfindet. Im Austausch mit anderen entsteht indes ein aktiver Prozess: Der Konflikt wird eingehender bearbeitet und führt so zu möglichen Veränderungen im Denken und Fühlen.

Die konstruktivistische Lerntheorie schreibt der sozialen Interaktion im Lernprozess eine große Bedeutung zu. Danach werden Unterrichtsinhalte nicht „eins zu eins" vom Lehrer auf die Schüler übergeben, sondern Schüler müssen die Lerninhalte aktiv verarbeiten, um sie in ihr mentales individuelles Wissensnetz zu integrieren. Der Lernende konstruiert den Sinn bzw. die Bedeutung der aufgenommen Information für sich. Lernen ist demnach ein persönlicher Konstruktionsprozess des Lerners. Im Austausch mit anderen findet dann eine „Ko-Konstruktion" statt, indem die Aussagen der anderen mit den eigenen Konstruktionen verglichen und aufgrund des Ergebnisses gegebenenfalls revidiert werden. In diesem sozialen Kontext sind alle Beteiligten Lernende, auch die Lehrer. Sie lernen in einem zirkulären Prozess, der sich, wie alle Kommunikation, mit einer konditionalen „Wenn-dann-Beziehung" nicht abbilden lässt, sondern die „Verwobenheit interaktiver Bezüge" (Kersten Reich) repräsentiert. Das neue Wissen wird mit den eigenen Erfahrungen verknüpft und führt durch die Reflexion der eigenen kognitiven Konstrukte zum Lernen. In der Präsentation des Ergebnisses erfolgt für die Lerner eine erneute Ko-Konstruktion und für die Vortragenden integriert sich das Neue in das eigene mentale Netz (vgl. Green, Norm/Green, Kathy: Kooperatives Lernen im Klassenraum und im Kollegium – Das Trainingsbuch, Seelze/Velber 2005, und Tippelt, Rudolf/Schmidt, Bernhard: Was wissen wir über Lernen im Unterricht? in: Pädagogik, Heft 3, Weinheim 2005).

In der Peergroup-Education wird dieser Prozess des Lernens in Interaktion besonders wirkungsvoll, da der Beziehungsaspekt zwischen Lehrendem und Lernendem verstärkt wird und eine höhere Identifikation mit dem Lerngegenstand erfolgt. Dies gilt erst recht, wenn das Lernen an realen Problemstellungen der Kinder und Jugendlichen orientiert ist, wie es im Buddy-Projekt der Fall ist. Durch den kommunikativen Lernprozess entstehen Veränderungen auf der Basis authentischer Einsichten, die wiederum kognitive Strukturen verändern können.

Laufendes Reflektieren des eigenen Lernprozesses ermöglicht es, Ableitungen für das weitere Lernen zu machen, und unterstützt die Nachhaltigkeit der Lerninhalte. Das Buddy-Projekt fördert das reflexive Lernen in zweierlei Hinsicht, wobei beide Prozesse parallel ablaufen:
- Bezogen auf den Erwerb von Wissen, auf das Erschließen, Vertiefen und Anwenden von Lerninhalten: In Form einer Lernpartnerschaft durch den kooperativen Austausch zwischen Schülern, die abwechselnd füreinander Konstrukteur und Ko-Konstrukteur sind.
- Bezogen auf den Aufbau eines sozialen Lehr- und Lernsystems in der Schule: In der Funktion des Buddys als qualifizierter Helfer und Begleiter, der in der Vermittlung erworbener Kompetenzen an Mitschüler in Form eines „Lernens zweiter Ordnung" selbst neue Kompetenzen erwirbt.

Obwohl beide Formen des „Buddy-Lernens" sich für jede schulische Lernsituation nutzen lassen, wird sich die Lernpartnerschaft vorwiegend im Unterrichtskontext, also in der Klassengemeinschaft manifestieren, wohingegen das Lernen zweiter Ordnung, also das Reflektieren des eigenen Lernprozesses, zusätzlich ein Merkmal von Buddy-Aktivitäten in Gruppen darstellt, die sich mehrheitlich in den Ebenen 3–5 des Buddy-Projektrasters abbilden.

Neben diesen beiden Lernfeldern, die sich im Wesentlichen auf eine Klasse oder Gruppe beziehen, bedarf auch das „Helfen lernen" einer gesonderten Betrachtung (siehe Kapitel 3.6).

2.2.2 Spezifische Lernfelder im Buddy-Projekt

Das Buddy-Projekt in der Klasse

Die Anwendung demokratischer und sozialer Lernprogramme in klassenübergreifenden Projektgruppen außerhalb der Klassensituation ist in vielen Schulen bereits akzeptierter und praktizierter Schulalltag. Dabei ist nicht einzusehen, dass demokratisches und soziales Lernen vor der Klassentür Halt machen sollte – handelt es sich doch bei dem der Buddy-Idee zugrunde liegenden Prinzip des qualifizierten Helfens und Begleitens um einen Ansatz, der sich nach neueren lerntheoretischen Erkenntnissen für das unterrichtliche Lernen besonders eignet. Erfahrungen zeigen, dass klassenübergreifende Projektgruppen eine höhere Wirksamkeit haben und mehr Akzeptanz in einem Kollegium finden, wenn möglichst viele Lehrer als Schlüsselpersonen mit dem Buddy-Prinzip in ihrer Klasse arbeiten.

Der Mehrwert, den das Lehren und Lernen in der Klasse durch das Buddy-Prinzip gewinnt, besteht zunächst in einer differenzierten Betrachtung des Begriffs Lernen. Wir sprechen im Buddy-Projekt bewusst vom „Lernen in der Klasse" statt von „Lernen im Unterricht", weil der Begriff der Klasse impliziert, dass in ihr auch soziale und emotionale Prozesse parallel zu den kognitiven ablaufen – wohingegen „Unterricht" oft auf den kognitiven Aspekt der Wissensaneignung verengt wird.

Lernen ist ein komplexer Vorgang, in dem inhaltliche, emotionale und soziale Faktoren zusammenwirken. Im Allgemeinen lassen sich die Bedingungen für das Lernen in der Klasse so beschreiben, dass es einerseits einen (sozialen) Rahmen braucht, der Lernen ermöglicht, und andererseits Anregungen und Anlässe, also reale Problemstellungen, die Schüler motivieren, Lerninhalte zu erschließen (fachliches Lernen).
Im Blick auf beide Bedingungen kann das Buddy-Projekt Lehrern und Schülern hilfreiche Anregungen und Methoden zur Verfügung stellen.

2. SOZIALES LERNEN MIT SYSTEM

2.1 2.2 2.2.1 **2.2.2** 2.3

Lernen ermöglichen

Erfahrungen zeigen, dass Buddy-Projekte in einer Klasse viel schwieriger umzusetzen sind, wenn kein Rahmen für eine schülerorientierte, demokratische Lernkultur in der Klasse besteht. Der Ansatz eines „sozialen Lernfelds" als Vorbedingung für eine förderliche Atmosphäre des Lernens und Lehrens lässt sich über die vier Felder der Gruppendynamik verstehen (siehe nebenstehende Basisinformation).

Für den Aufbau eines Buddy-Projekts in der Klasse ist der Umgang mit den Konflikten und Prozessen, die in der Phase der „Gärung und Klärung" innerhalb der Gruppe entstehen, von besonderer Bedeutung. Wenn es gelingt, die Schüler zu befähigen, die erforderlichen Regeln und Verfahrensweisen zur Klärung des Gruppenprozesses selbstverantwortlich miteinander auszuhandeln, kann eine partizipative Lernkultur entstehen. In dieser zweiten Phase der Gruppendynamik setzen alle Aktivitäten zur Förderung sozialer Handlungskompetenz an, die in Kapitel 3 näher beschrieben sind: die Klassenprogramme für das nachhaltige Training sozialer Kompetenzen und der Klassenrat als zentrales Instrument der Mitbestimmung und Forum der Aushandlung der in der Klasse entstehenden sozialen Lernprozesse.

Fachliches Lernen

Das weite Feld der Lernmethoden ist, nicht erst nach PISA, von allgemeinen Didaktikern sowie von Fachdidaktikern erschlossen und methodisch durchdrungen worden. Die meisten dieser Ansätze arbeiten jedoch nach wie vor nach dem Prinzip der Initiierung und Dominanz der Lehrkräfte (Hegemonie der Lehrenden). Zu fragen ist, ob es genügt, die Schüleraktivierung allein durch fortschrittlichere Lehr- und Lernmethoden zu etablieren.

Das Buddy-Projekt kann mit seinem schülerorientierten Ansatz einen niedrigschwelligen Einstieg in die schrittweise Übergabe des Lernprozesses an die Schüler ermöglichen. Dies beginnt schon damit, dass die Schüler selbst die Felder finden, in denen sie Buddys einsetzen wollen. Als Instrumente dafür finden Sie in Kapitel 3 dieses Buches ein Schüler-Audit (Seite 48) und den Klassenrat (Seite 76) beschrieben.

Wenn Lehrer mit ihren Schülern ein Buddy-System für gemeinsames Lernen in unterschiedlichen Fächern erarbeiten wollen, ist es sinnvoll, Lernmethoden zu nutzen, die lernpsychologische Erkenntnisse berücksichtigen und demokratische und schüleraktivierende Methoden etablieren – wie das Projektlernen oder Kooperatives Lernen. Letzteres bietet eine für das Buddy-Prinzip in der Klasse ideal geeignete Grundmethode: die drei Phasen „Denken • Austauschen • Präsentieren", die Norm Green im Kooperativen Lernen mit „Think, Pair, Share" bezeichnet *.

1. Alle Lernprozesse brauchen eine individuelle Phase, in der Schüler eine kognitive Problem- oder Fragestellung überdenken und mit ihren vorhandenen Erfahrungen abgleichen.
2. In der zweiten Phase haben die Schüler die Möglichkeit, sich in Partner- oder Kleingruppenarbeit auszutauschen und ihre Sichtweisen des Problems und seiner möglichen Lösung miteinander zu reflektieren.
3. Die konsensuellen oder divergenten Ergebnisse der Gruppenarbeit werden von einem oder mehreren Schülern im Plenum präsentiert. Über die Feedbacks der Gruppe entstehen auch hier wieder Ko-Konstruktionen, die nach Kersten Reich zu einer Betrachtung des Sachverhalts aus anderer Perspektive (Rekonstruktion) und zu der Erkenntnis führen, dass es auch andere, bislang nicht wahrgenommene Lösungen und Möglichkeiten geben kann (Dekonstruktion).

Der Buddy-Ansatz in diesem Modell besteht darin, dass

- die Schüler in der Partner- oder Gruppenarbeit einander im Sinne eines Peergroup-Lernens helfen, bei der Ermittlung der unterschiedlichen Sichtweisen zu differenzieren. Die zugehörige Form ist das Modell des gegenseitigen Austauschs (Reverse Role), in dem beide Partner die Rolle

---

* Die Methode des „Think, Pair, Share" ist mit freundlicher Genehmigung dem Methodenrepertoire Norm Greens entlehnt und für den Buddy-Ansatz erschlossen worden: Green, Norm/Green, Kathy: Kooperatives Lernen im Klassenraum und im Kollegium – Das Trainingsbuch, Seelze/Velber 2005. Das Prinzip stammt ursprünglich von Frank Lymann, dargestellt in Spencer Kagan: Cooperative Learning, San Clemente 1992.

2. SOZIALES LERNEN MIT SYSTEM

2.1 2.2 2.2.1 **2.2.2** 2.3

eines kritischen Freundes, „critical friends", für den Lernprozess des jeweils anderen übernehmen.
- Bei Norm Green gibt es in der Gruppe darüber hinaus die Funktion des „Sozialtrainers", der die sozialen Prozesse im Auge hat. Auch dies könnte eine Buddy-Tätigkeit sein.
- Die an die Präsentation anschließende Reflexion des Arbeitsprozesses – sei es in der Kleingruppe, sei es im Plenum – wird in der Anfangsphase (sicherlich) durch den Lehrer erfolgen müsse. Nach und nach können aber Buddys diese Aufgabe übernehmen und in der Partner- oder Gruppenarbeit zuerst den sozialen und emotionalen Prozess („Wie ist die Arbeit verlaufen? Wie sind wir (miteinander) klar gekommen? Was wollen wir beim nächsten Mal anders machen? Was brauchen wir dazu?"), dann die Ergebnisse („Was haben wir herausgefunden?" …) reflektieren.

Jeder Schüler kann also generell in die Lage kommen, die Ergebnisse vorzustellen. In der Lernpyramide (siehe Abbildung) stellt Norm Green dar, wie stark der Lerneffekt bei der Anwendung der Methode Denken • Austauschen • Präsentieren im Vergleich zu herkömmlichen Lernformen eines lehrerzentrierten Unterrichtens ist. In diesem Feld des Lernens in der Klasse ist die Umstellung und Gewöhnung des Lehrers an die Rolle als Begleiter, Moderator oder Mentor am dringlichsten.

Weitere Informationen zum Buddy-Projekt in der Klasse finden Sie in Kapitel 3.7.

Aus: Green, Norm/Green, Kathy: Kooperatives Lernen, Seelze/Velber 2005, S. 29.

2. SOZIALES LERNEN MIT SYSTEM

2.1 2.2 2.2.1 **2.2.2** 2.3

Die Entwicklung der Klasse

Jede Gruppe durchläuft bestimmte Phasen, die mehr oder minder ausgeprägt sein können. Wichtig ist es, diese Phasen zu kennen, um die Entwicklung der Gruppe entsprechend beeinflussen und fördern zu können. So können falsche Interventionen dazu beitragen, dass die Gruppe nicht den „natürlichen" Ablauf der Gruppenfindung durchläuft und unter Umständen nicht über Phase 2 hinauskommt.

Die vier Phasen der Gruppendynamik

Phase 1: Ankommen – Auftauen – Sich orientieren
Für jede neue Gruppe gilt, dass die Mitglieder der Gruppe in dieser Phase zwischen den Polen alternieren, die sich durch folgende Bezeichnungen charakterisieren lassen: Abstand halten und Nähe suchen; sich verstecken und sich zeigen; annähern und ausweichen. Um die neue Situation zu vereinfachen, neigen sie zu „Etiketten", um die anderen in ein gewohntes Schema einordnen zu können: nett, sympathisch, unsympathisch … Die verbesserte Übersicht wird mit dem Verlust des vorurteilsfreien Zugehens auf andere erkauft. Grundlagen dieses Verhaltens sind Unsicherheit und der Wunsch nach Orientierung:
- Welche Regeln, Ziele gelten hier?
- Wer darf was?
- Wie muss ich mich verhalten, damit ich akzeptiert werde?

Jedes Mitglied der Gruppe sucht nach seinem Platz und seiner Rolle. In dieser Phase wird die Leitung der Gruppe als mächtig phantasiert und gewünscht.

Diese Phase müssen auch Kinder und Jugendliche, die neu in eine Klasse kommen, zu Beginn durchlaufen, so dass jede neue Konstellation immer wieder zu einer Phase 1 in einer Gruppe führt. Viele Schüler sind ängstlich und neugierig zugleich. Oft ist dabei der erste Eindruck entscheidend. Im Eingewöhnungsprozess können Buddy-Projekte wie das Paten-Modell eine wichtige Rolle spielen. Es können sich ältere Schüler um die Neuen kümmern oder Streitschlichter aus den oberen Klassen für Konfliktvermittlung und Unterstützung im Alltag zur Verfügung stehen.

Phase 2: Gärung und Klärung
Sobald die Kinder und Jugendlichen in der Klasse mehr Vertrauen gefasst, sich besser kennen gelernt haben und der Kontakt zum Lehrer intensiviert ist, zeigen sie mehr von ihrem wirklichen Ich. Das vorsichtige Abwarten und Beobachten hört langsam auf und die Schüler beginnen, eigene Interessen und Wünsche zum Ausdruck zu bringen. Das schafft Unruhe, verunsichert und fördert den Drang zur Selbstbehauptung. Es geht viel um die Themen Rivalität und Macht.

Diese zeitweilige Konfusion bringt Unruhe und Durcheinander in die Klasse und die Entwicklung der Gruppe an einen wichtigen Punkt. So belastend diese Phase für die Lehrkräfte ist, sie ist notwendig und schafft die Voraussetzung, um Entscheidungsregeln zu finden, Normen für den Umgang miteinander zu schaffen und unterschiedliche Fähigkeiten zu akzeptieren. Wenn dieser Prozess der Gärung und Klärung aus dem Wunsch nach Harmonie heraus durch die Lehrkräfte nicht zugelassen oder zu früh beendet wird, dann tauchen diese Auseinandersetzungen in der weiteren Entwicklung der Klasse immer wieder auf.

Der große Gewinn an diesem Punkt kann sein, dass sich langsam die Rollen klären, die Grenzen und Freiräume festgelegt werden und die Gemeinsamkeiten und Unterschiede in der Klasse deutlich zu sehen sind. Bei einer Lehrerhaltung, die die Regelfestlegung sowie die Klärung der Konflikte den Schülern überträgt, kann es gelingen, dass sich die Schüler besser kennen lernen, ihre Kräfte aneinander messen und ein Zusammengehörigkeitsgefühl entwickeln. Aus der zufällig zusammengewürfelten Gruppe entsteht eine Art soziale Organisation.

Gemeinsam mit den Schülern die Klassenregeln festzulegen und die mit einem Verstoß verbundenen Konsequenzen (und die Einhaltung) zu definieren, ist der erste Schritt hin zu Klassen-Buddys, die in dieser Phase Ansprechpartner und von den Schülern selbst gewählte Vertrauenspersonen sind.

2. SOZIALES LERNEN MIT SYSTEM

Phase 3: Produktives Arbeiten und Zusammenleben

In dieser dritten Phase kommen die Ergebnisse der „Mühen" der zweiten Phase voll zum Tragen. Es sind eine stärkere Vertrautheit und ein Aufeinanderbezogensein in der Klasse entstanden. Jetzt geht es darum, diesen Prozess des konstruktiven Umgangs miteinander systematisch weiter zu fördern und einzelne Kinder, die noch keinen Platz gefunden haben, zu integrieren. Gleichzeitig können die anerkannten Regeln gesichert und Schritt für Schritt vertieft werden. Dabei macht es Sinn, die sozialen Kompetenzen der Schüler durch Übungen und Spiele zu entwickeln und zu erweitern. Gezielt können nun auch die Netze in der Gruppe stärker geknüpft werden. Jedes Kind kann mit seinen besonderen Fähigkeiten gewürdigt werden und es kann damit andere unterstützen.

An diesem Punkt sind Buddy-Projekte nach dem Modell „Du hilfst mir, ich helf dir" besonders wirkungsvoll. Damit erfahren die Kinder eine Wertschätzung ihrer individuellen Fähigkeiten und sie erleben, dass diese Fähigkeiten auch für andere wichtig und hilfreich sind.

Phase 4: Abschied nehmen

Im Grunde könnte man jetzt längere Zeit mit dieser Gruppe arbeiten. Aber in der Schule wird der Rahmen durch äußere Einflüsse wie das Schuljahr, Lehrerwechsel und durch den Übergang zur nächsten Schulstufe bestimmt. Das bedeutet, dass diese vier Phasen mehr oder weniger stark jedes Jahr in der Klasse eine Rolle spielen, wenn neue Schüler dazukommen. Abschluss, Transfer und Abschied sind die wichtigsten Themen der vierten Phase. In dieser Phase kommt die funktionierende Struktur in der Gruppe wieder durcheinander. Es besteht eine Unsicherheit, wie es wird, wenn dieses oder jenes Kind fehlt oder wenn neue Schüler kommen, die man nicht kennt. Deshalb sind die Abschiedsrituale so wichtig. Sie schaffen die Möglichkeit, die schöne Zeit des gemeinsamen Zusammenseins in einer „versöhnlichen" Form abzuschließen.

Entwicklung von Gruppen

Nach Langmaack, Barbara/Braune-Krickau, Michael:
Wie die Gruppe laufen lernt, 7. Aufl., Weinheim 2000.

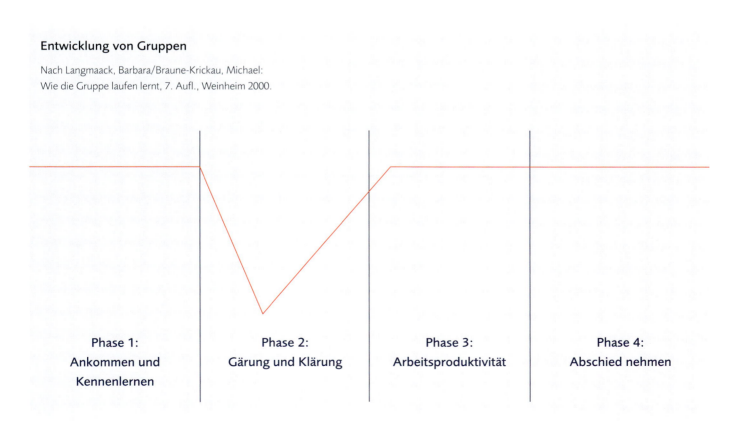

2. SOZIALES LERNEN MIT SYSTEM

2.1   2..2   2.2.1   **2.2.2**   2.3

Das Buddy-Projekt in der Gruppe

Auch für Buddy-Tätigkeiten gibt es, wie die Vielfalt der potenziellen Buddy-Kompetenzen zeigt, unterschiedliche Qualitäten und Komplexitätsgrade. Im Buddy-Projektraster (Seite 26) bilden sie sich teilweise ab:
- das „einfache" Helfen (kann Helfen einfach sein?!) in Ebene 1,
- das Buddy-Prinzip in der Klasse, überwiegend in Ebene 2,
- die Anleitung anderer Buddys in Ebene 3,
- die Beratung von Schülern bei Problemen in Ebene 4,
- die Vermittlung in Konflikten in Ebene 5.

In den Ebenen 3–5 sind jeweils auch Kompetenzen der Vermittlung erforderlich. Diese „Meta-Kompetenzen" der Vermittlung, die in Gruppen erforderlich sind, bedingen neben dem herkömmlichen Prozess des Lernens im Sinne eines Handlungslernens auch eine Reflexion bezogen auf die Handlungsstrategie: Was hat in der Anleitung und Begleitung meines Mitschülers/der Gruppe gut funktioniert, sprich: das Lernen angeregt? Wie könnten wir beim nächsten Mal die Situation anders gestalten? Die Reflexion mit dem Mitschüler, dem Lehrer oder anderen Buddys führt zu zirkulären Lernsituationen, die (neben der Kompetenzerweiterung) für die Haltung des Buddys bedeutsam sind: Er erfährt sich selbst als Lernenden, der das Ziel und die Wirkung des Lernprozesses immer wieder hinterfragt.

Dieses Meta-Lernen bezeichnet man auch als „Lernen zweiter Ordnung", das sich nach Gerhard Fatzer vom einfachen problemlösenden Einschleifenlernen unterscheidet. Die in Vermittlungsaufgaben aktiven Buddys können durch ein Lernen zweiter Ordnung einen immensen Lern- und Entwicklungsfortschritt erfahren, wenn sie angemessen angeleitet werden. Diese Form des Buddy-Lernens kann auch als „Lernen durch Lehren" bezeichnet werden.

Lernen erster Ordnung
Das herkömmliche schulische Lernen konzentriert sich in der Regel darauf, das Wissen und die Fertigkeiten zu erwerben, die notwendig sind, um eine bestimmte Aufgabe zu erledigen. Die Schüler eignen sich in den einzelnen Fächern Kenntnisse an, vertiefen sie in Übungen und wenden sie in bestimmten Feldern problemlösend an, getreu dem Motto:

„Wenn A passiert, dann tue B …". Nach Donald A. Schön (Educating the Reflective Practitioner. Towards a New Design for Teaching and Learning in the Professions, San Francisco 1987) und Chris Argyris (Organizational Learning, Cambridge 1993) setzt diese Form der Wissensaneignung und Wissensanwendung jedoch ein Bild der Praxis voraus, das durch Eindeutigkeit und Stabilität gekennzeichnet ist. Auch wenn es sich im konstruktivistischen Sinne nur um eine scheinbare Stabilität handelt, wird dieses Paradigma für viele schulische Fachgebiete reklamiert.

Für das soziale Lernen ist dies nur begrenzt der Fall. Denn hier geht es nicht um das Erlernen und die Anwendung von Verhaltensregeln in klaren Strukturen. Der Erwerb sozialer Handlungskompetenz ist, wie zuvor aufgezeigt, vielmehr ein Prozess, der durch Komplexität, Mehrdeutigkeit und Unsicherheit sowie zumeist durch hohe Interaktionsdynamik zwischen Personen gekennzeichnet ist.

2. SOZIALES LERNEN MIT SYSTEM

2.1 2.2 2.2.1 **2.2.2** 2.3

Lernen zweiter Ordnung

Lernen zweiter Ordnung kann als selbstreflexiver Prozess angesehen werden, in dem die Kenntnisse und Annahmen, die bisher das eigene Denken und Handeln bestimmt haben, hinterfragt werden. Gegenüber der Optimierungsfunktion des Lernens erster Ordnung geht es beim Lernen zweiter Ordnung hauptsächlich um ein Veränderungslernen. Chris Argyris spricht dabei auch vom Lernen in Doppelschleifen (double-loop learning).

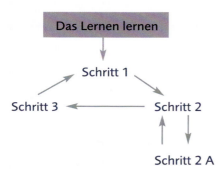

Schritt 1: Ein Problem wird erkannt und formuliert.
Schritt 2: Die Erkenntnisse werden mit den bekannten Handlungsweisen und den vorgegebenen Werten und Zielen verglichen.
Schritt 2a: Der Protagonist hinterfragt, ob die Handlungsweisen, vorgegebenen Werte und Ziele noch angemessen sind.
Schritt 3: Der Protagonist handelt entsprechend.

Im Buddy-Projekt ist der Grundgedanke des Lernens zweiter Ordnung pädagogisch und didaktisch umgesetzt:
- in der Ausbildung der Buddys durch Übungen zur Selbsterfahrung, Selbst- und Fremdeinschätzung und Stärkung der eigenen kommunikativen Ressourcen,
- in der Begleitung und Betreuung der Buddy-Gruppe durch regelmäßiges Feedback und Beratung,
- zum Abschluss der Projekte durch persönliche Rückmeldung des Coachs, eine entsprechende Würdigung der geleisteten Arbeit und eine gründliche Abschluss-Reflexion in der Gruppe.

2. SOZIALES LERNEN MIT SYSTEM

2.1 2.2 2.2.1 2.2.2 **2.3**

2.3 DIE ROLLE DES LEHRERS IM BUDDY-PROJEKT

Der Lehrer als Coach

Wenn Schüler lernen sollen, Verantwortung zu übernehmen und das Lernen eigenverantwortlich mitzugestalten, muss der Lehrer in Rolle und Haltung vielfältige Lernformen unterstützen. Wir bezeichnen die Funktion des Förderns, die den Lehrer in Form eines Organisators und Begleiters des Lernprozesses von Kindern und Jugendlichen kennzeichnet, als „Coach". Der Rolle als Coach kommt bei der Umsetzung der Buddy-Idee in Schulen eine wesentliche Bedeutung zu. Dabei ist es wichtig, dass Lehrkräfte, die sich bislang eher in der klassischen Rolle des (frontal) Lehrenden sahen, bereit sind, diesen Haltungswechsel zum Vermittler und Organisator zu vollziehen. „The Coach plays beside the line", heißt der Slogan, mit dem sich die Herausforderung prägnant beschreiben lässt. Die dabei nicht zu unterschätzende Arbeit besteht im Wesentlichen darin, Lerngelegenheiten und Erfahrungsräume zu schaffen, in denen Kinder und Jugendliche in einer konstruktiv fördernden Atmosphäre ihre Kompetenzen erweitern können. Dies ist, wie in Punkt 2.2. beschrieben, auf verschiedenen Ebenen möglich.

Was bedeutet es für Lehrer, ihr Verständnis vom Lehren und Lernen in diesem Sinne neu auszurichten? Zur Konkretisierung der entsprechenden Herangehensweisen lassen sich vier Ebenen unterscheiden. Die Coach-Rolle wird spürbar durch

1. eine saubere Auftrags- und Rollenklärung,
2. ein Bewusstsein von der fördernden Haltung und der Selbstwirksamkeitsförderung,
3. eine wertschätzende Moderation der Lern- und Gruppenprozesse,
4. kontinuierliche Angebote an die Schüler zur Selbstreflexion, die an der Idee des Lernens zweiter Ordnung orientiert sind.

1. Auftrags- und Rollenklärung

Lehrkräfte, die die Coach-Rolle annehmen, sollten eine Auftragsklärung in zweierlei Hinsicht vornehmen: für sich und bei den Schülern. Von elementarer Bedeutung ist dabei, dass der Lehrer in seiner Haltung und seinem Verhalten den Schülern als Rollenmodell dient, indem er Peergroup-Education in der Klasse initiiert und die Selbstwirksamkeitsüberzeugung der Schüler fördert. Seinen Umgang mit Konflikten und Störungen wird er in vielfacher Form gespiegelt in der Klasse wiederfinden. Neigt er dazu, für die Schüler undurchschaubare Machtentscheidungen zu treffen, werden die Schüler ihre Konflikte untereinander ebenfalls über das „Recht des Stärkeren" lösen. Gibt er Raum für eine an den Interessen der Beteiligten ausgerichteten Klärung, werden die Schüler ihre Auseinandersetzungen für alle Beteiligten konstruktiv beenden. Wichtig ist also eine Klärung des Lehrers für sich und im Austausch mit Kollegen, was eine Rolle als Coach beinhaltet und welcher spezielle Auftrag sich dahinter verbirgt.

Auch hinsichtlich der Schüler ist es erforderlich, eine bewusste Auftragsklärung zu leisten und dafür zu sorgen, dass diese die an sie gestellten Herausforderungen auch annehmen können. Dabei ist es hilfreich, sich den Unterschied zwischen dem äußeren und dem inneren Auftrag zu verdeutlichen. Schule ist ein System, in dem sicherlich zunächst überwiegend äußere Aufträge bestehen, weil bestimmte Dinge ganz einfach getan, gelernt oder erarbeitet werden müssen. Die Herausforderung für Lehrer besteht darin, Wege zu finden, die von außen gestellten Anforderungen – also die äußeren Aufträge – in eine Form zu bringen, die von der Motivation der Kinder und Jugendlichen getragen und damit für sie zu inneren Aufträgen werden können. Dies kann nur gelingen, wenn sie den Schülern Wege eröffnen, ihre eigenen Themen darin zu finden, in der Auseinandersetzung mit realen Problemstellungen. Das bedeutet vor allem, dass Lehrer in der Rolle als Coach bereit sein müssen, Räume zu öffnen, die eine echte Auseinandersetzung mit den zu erledigenden Aufgabenstellungen ermöglichen. Erst dadurch erhalten Schüler die Gelegenheit, den Auftrag wirklich anzunehmen und ihn zu ihrem eigenen zu machen.

2. SOZIALES LERNEN MIT SYSTEM
2.1 2.2 2.2.1 2.2.2 2.3

2. Die Haltung als Coach

Eine Lehrkraft, die sich ihrer Rolle als Begleiter bewusst ist, wird beispielsweise nicht einfach Schüler „einteilen", die bestimmte Dinge besonders gut erledigen können. Sie wird vielmehr Problemstellungen mit der Gruppe finden und die Lerngruppe vor die Herausforderung stellen, dafür gemeinsam eine Lösung zu finden.

Dabei empfiehlt es sich, den Auftrag zu „zerlegen" und gemeinsam herauszuarbeiten, wie die Aufgabenstellung konkret aussieht:

- Was braucht man, um den Auftrag erledigen zu können?
- Wie könnte eine Lösung des Problems/der Aufgabe aussehen?
- Was muss passieren, damit wir sie als erfolgreich bearbeitet betrachten können?
- Worin bestehen Chancen, aber auch Schwierigkeiten?

An diesen Fragen wird die Haltung eines Coachs deutlich: Er hilft der Schülergruppe, den Auftrag auszuleuchten, und ermöglicht dadurch eine Motivation zur Übernahme von Verantwortung für den Arbeitsprozess. Dabei ist es wichtig, jedem einzelnen Mitglied der Lerngruppe Zeit zu lassen, eigene Ideen, Handlungsspielräume, aber auch Unsicherheiten gegenüber der Anforderung thematisieren zu können.

Der Weg ist das Ziel – und der ist manchmal ziemlich steinig: Vielleicht hat niemand in der Klasse wirklich Lust, der seit zwei Wochen erkrankten Mitschülerin auch in Woche drei die Hausaufgaben zu bringen … ein anderer fühlt sich für den chaotischen Zustand der Klasse nicht verantwortlich: Der Coach wird der Gruppe die Auseinandersetzung mit den Dilemmata des Lernalltags nicht abnehmen können. Er wird ihnen die Entscheidung überlassen und damit Lernräume eröffnen, um Erfahrungen zu sammeln und zu erleben, dass sie für „Wir-Probleme" auch „Wir-Lösungen" finden können. Dazu gehört es auch, aushalten zu können, dass Aufträge zunächst „unbesetzt" bleiben, weil niemand bereit scheint, sie zu übernehmen. Der Coach kann der Gruppe helfen, die Hemmnisse zur Auftragsannahme zu konkretisieren und dadurch nachvollziehbar zu machen, was fehlt, um die Aufgabe erledigen zu können.

Das gesamte Vorgehen ist der Idee verpflichtet, echte Peer-Projekte entstehen zu lassen und zu vermeiden, dass Buddy-Projekte vor allem „Vorzeigeprojekte" sind, in denen Kinder Erwachsenen demonstrieren, wie hilfsbereit sie sich verhalten können.

Um der – nicht nur in der Schule, aber hier sicher besonders virulenten – Gefahr „versteckter Erwachsenenprojekte" zu begegnen, ist es wichtig, von Anfang an anzustreben, dass die Schüler selbst die Auftraggeber der Buddy-Projekte sind. Die oben beschriebene bewusste Auftragsklärung kann es den Kindern und Jugendlichen erleichtern, selbstständig Anfragen, Aufträge und Probleme in den Unterricht (oder auch in den Klassenrat) einzubringen, für die Lösungen gefunden werden müssen. Zudem können Methoden wie die „Problemlandkarte" (siehe Kapitel 5, Seite 133) oder „Der ideale Helfer" (siehe Kapitel 3, Seite 70) eine Auftrags- bzw. eine Rollenklärung unterstützen.

2. SOZIALES LERNEN MIT SYSTEM
2.1 2.2 2.2.1 2.2.2 **2.3**

Merkmale für eine Haltung als Coach
- Ein Coach versucht herauszufinden, woran es noch fehlt, welche Unterstützung, Inputs oder Hilfestellung die Gruppe braucht, um weiterkommen zu können. Sein Auftrag ist es, Aufgaben zu stellen und die Lerngruppe bei der Bewältigung der Aufgabe zu studieren: Wie löst sie den Auftrag? Wo steht sie? Was braucht sie? Welchen Auftrag kann ich ihr zumuten? Was muss vertieft werden? Welcher Impuls ist nötig, damit sie den nächsten Schritt machen kann? …
- Der Lehrer versteht sich als fördernder Coach an der Seitenlinie, der an den Fortschritt des Teams glaubt und Aufgabenstellungen einbringt, an denen die Gruppe – aber auch jeder Einzelne im Rahmen seiner Möglichkeiten – wachsen kann. Der Coach begreift Vielfalt als Chance und ist darauf eingestellt, dass Menschen unterschiedlich sind und daher auch Unterschiedliches mitbringen, Unterschiedliches brauchen und zu unterschiedlichen Lösungen kommen.
- Im Zuge der gemeinsamen Problembewältigung, insbesondere in der Gruppenphase der „Gärung und Klärung", kann es zu Konflikten in der Gruppe kommen. In diesen Momenten braucht die Gruppe einen Coach, der sie gelassen durch die aufreibenden Momente führt. Ein guter Coach geht davon aus, dass es Konflikte geben wird. Ein positives Konfliktverständnis lässt die Lehrkraft in der Coach-Rolle wissen, dass Konflikte vor allem Lernchancen bedeuten.

Die Funktion des Coachs im Konflikt besteht darin, sich als Moderator anzubieten, der ein konstruktives Streiten in der Sache ermöglicht und dafür Sorge trägt, dass die Auseinandersetzung nicht „personifiziert" verläuft.
In ihren Ausführungen zum „classroom management" empfehlen die Bildungsforscher Hormel und Scherr ein Coach-Verständnis, das die Aufgabe des Lehrers darin sieht, Kommunikations- und Kooperationsprozesse zu steuern und dabei darauf zu achten, dass „unterschiedliche Meinungen im Rahmen eines konstruktiven Dialogs geäußert werden können und die Atmosphäre in der Klasse von einer Kultur gegenseitiger Achtung und des Respekts getragen wird."
(Hormel, Ulrike/Scherr Albert: Bildung für die Einwanderungsgesellschaft, Wiesbaden 2004).

3. Die Moderation von Lern- und Gruppenprozessen

Der Lehrer als Coach kann zum „Empowerment", also zur Stärkung des Selbstvertrauens der Schüler beitragen, indem er ihnen die Erfahrungen ermöglicht, Probleme meistern und Herausforderungen bewältigen zu können. Dafür ist es erforderlich, dass er die Lern- und Gruppenprozesse „lesen" lernt und geeignete Herausforderungen identifiziert. Es geht dabei im Wesentlichen darum, eine Über- oder Unterforderung der Kinder und Jugendlichen zu vermeiden.
Die erste Aufgabenstellung in der Rolle als Coach wird sicherlich auch eine erste Annäherung an die Gruppe sein. In der Beobachtung, wie die einzelnen Mitglieder der Lerngruppe mit dem Auftrag zurechtkommen, finden sich wichtige Hinweise für die nächsten Arbeitsschritte.
- Wo stehen die einzelnen Schüler?
- Was benötigen sie auf der inhaltlichen wie auch auf der Beziehungsebene, um positive Erfahrungen machen zu können?
- Welche Fähigkeiten bringen die Einzelnen mit?
- Wie kann man ihre Handlungsoptionen erweitern?
- Welche Ressourcen sind in der Gruppe vorhanden?
- Was fällt Einzelnen leicht, was macht ihnen Spaß, wo bieten sich ihnen leicht Zugangsmöglichkeiten?

Entsprechend werden die Angebote im nächsten Arbeitsschritt ausfallen, die geeignet sind, diese positiven Erfahrungen zu verstärken und das erfolgreiche Lernerlebnis zu wiederholen.

4. Die Entwicklung der Selbstreflexion

Lernen zweiter Ordnung ist ein wesentliches Merkmal des Lernens, wenn es vom Lehrer als Coach begleitet und organisiert wird. „Fragen statt sagen" heißt die Devise, wenn Kindern und Jugendlichen Wege eröffnet werden sollen, ihren ganz individuellen Lernstil zu entwickeln und auch zu verstehen, wie ihr Lernen am besten abläuft. „Lernen lernen" bedeutet, ihnen dabei zu helfen, ein Verständnis für den Aufbau ihrer eigenen individuellen „Lernspur" zu entwickeln.

Die Aufgabe des Coachs besteht darin, Arrangements aufzubauen, die eine Möglichkeit bieten, sich
- zunächst in Einzelarbeit mit einer Sache auseinanderzusetzen,
- dann in einen Austausch mit anderen zu treten,
- schließlich eine gemeinsame Entscheidung zu treffen und diese mit anderen zu teilen.

Der Coach bietet Fragestellungen, die eine kontinuierliche Reflexion des Prozesses ermöglichen. So erhalten die Teilnehmer eine Strukturierungshilfe, um ihre eigene Lernstrategie zu entwickeln. Die gezielten Fragen müssen dabei den Austausch mit ganz individuellen Erfahrungen, inhaltlichen Aspekten, aber auch dem Erleben des Einzelnen in der Gruppe ermöglichen:
Was ist mir leicht gefallen? Was war schwierig für mich? Wobei hätte ich Unterstützung gebraucht? Wozu müsste ich noch mehr wissen? Wie ist es mir in der Gruppe ergangen? Konnte ich mich mit meinen Fähigkeiten in die Gruppe einbringen? …

Diese Fragen für die Reflexion der einzelnen Arbeitsschritte können sich auf konkrete Lernerfahrungen im Unterricht ebenso wie auf klassische Buddy-Anforderungen wie etwa Lese-Unterstützung, Hilfe bei den Hausaufgaben oder Peer-Beratung beziehen.

3.

Schritt für Schritt

3. DAS BUDDY-PROJEKT: VOM BEDARF ZUR PRAXISANWENDUNG

Wie verankert sich die in Kapitel 2 beschriebene Didaktik der Beziehung im Schulalltag? Wie kann sie vor dem Hintergrund der in Kapitel 1 beschriebenen Herausforderungen und des daraus erwachsenden Profils von zu entwickelnden Kompetenzen das Lernen in Schule gestalten? Konkret: An welchen Stellen und wie kann Peergroup-Education dazu beitragen, das Lernen und Lehren zu verändern? Welche Buddy-Projekte sind für Lehrer und Schüler in Bezug auf das jeweilige Schulprofil sinnvoll und hilfreich?

Die Ausführungen in Kapitel 2 haben gezeigt: Wo und wie auch immer Buddys Aufgaben übernehmen, es handelt sich um Lernfelder mit einer hohen Identifikation der – im wahren Sinne des Wortes – Beteiligten. Das Lernen erfolgt in realen Problemsituationen, unter Nutzung der vorhandenen Ressourcen von Schülern und Lehrern, in einem gemeinsamen Lernprozess. „Die Kompetenzen und Potenziale der Beteiligten heben", lautet ein Kernansatz des Buddy-Projekts, der die Wertschätzung der involvierten Personen beinhaltet und von folgender Prämisse ausgeht: Wer das Problem hat, kennt auch eine Lösung. Aufgabe des Lehrers ist es nun, diese „Schätze" zu bergen. Daher entwickelt und gestaltet sich das Buddy-Projekt in Abhängigkeit von den Gegebenheiten, den Rahmenbedingungen, den spezifischen Problemfeldern an jeder Schule und in jeder Klasse anders.

Wie können Schulen mittels des Buddy-Prinzips der Schüleraktivierung Problemfelder in Handlungs- und Lernfelder umwandeln? Dazu hat der buddY E.V. ein Instrumentarium aus acht chronologisch angelegten Schritten für die Umsetzung entwickelt. Es ermöglicht Lehrkräften, ein passgenaues, bedarfsgerechtes Buddy-Projekt an ihrer Schule zu planen, es umzusetzen und nach und nach in ein „Buddy-System" zu überführen. Die ersten vier Schritte sind dabei im Wesentlichen der Planung vorbehalten, die Schritte fünf bis acht bilden den Einstieg in die Umsetzung ab.

Schritt 1: Bedarfserhebung bei Schülern (Seite 48)
Zunächst wird eine Bedarfsanalyse mit den Schülern durchgeführt, um ihre Einschätzung zur Situation in ihrer Klasse oder an ihrer Schule zu erfahren und sie selbst zu Wort kommen zu lassen.

Schritt 2: Analyse des Schulprofils (Seite 52)
Das „Pädagogische Hexagon" nach Kurt Faller ist das Analyseinstrument, mit dem die bisherigen (sozialen) Aktivitäten der Schule herausgearbeitet und Bedarfe für weitere eruiert werden, unter Berücksichtigung der dafür erforderlichen Ressourcen.

Schritt 3: Das 15-Felder-Modell – Anwendungsfelder und Projektbeispiele (Seite 55)
Die sich aus der Analyse ergebenden möglichen Anwendungsfelder können anhand des Buddy-Projektrasters „15-Felder-Modell" verortet, vorgeplant und entschieden werden: In welchem Bereich und in welcher Form soll das Buddy-Projekt entwickelt werden?

Schritt 4: Das Buddy-Projektdesign (Seite 59)
Danach folgt die konkrete Planung des ausgewählten Buddy-Projekts: Ziel und Projektablauf werden festgelegt und Kenntnisse zum Thema Projektmanagement vermittelt, um das Buddy-Projekt von Beginn an gut organisieren und durchführen zu können.

3. DAS BUDDY-PROJEKT

Schritt 5: Buddys finden (Seite 65)
Tipps und Hinweise für die Bewerbung und Auswahl der Buddys für die jeweiligen Praxisprojekte.

Schritt 6: Buddys für ihre Arbeit qualifizieren (Seite 67)
Welche Basisqualifikation benötigen Schüler für ihre Tätigkeit als Buddys? Welche zusätzlichen Kompetenzen brauchen sie für die spezifische Arbeit?

Schritt 7: Buddy-Projekte umsetzen und begleiten (Seite 73)
Hinsichtlich der beiden Organisationsformen „Klasse" und „Buddy-Gruppe" werden konkrete Hilfen für die Umsetzung des Buddy-Projekts sowie die dafür erforderliche Rolle und Haltung der Lehrkraft in der Begleitung der Projekte gegeben.

Schritt 8: Projektabschluss und Implementierung (Seite 84)
Empfehlungen zur Evaluation des Buddy-Projekts, zur Erfassung und Auswertung der Prozessergebnisse und zur Implementierung des Peergroup-Ansatzes in das Schulsystem.

In diesem 3. Kapitel finden Sie verschiedene Symbole, die die einzelnen Elemente wie folgt kennzeichnen:

- Instrument
- Information
- Methode
- Praxistipp

3. DAS BUDDY-PROJEKT

3.1 3.2 3.3 3.4 3.5 3.6 3.7 3.8

3.1 DIE BEDARFSERHEBUNG BEI SCHÜLERN

Die konstruktivistische Didaktik besagt, dass Lernen immer ein aktiver, sozialer Prozess ist. Der beste Lernerfolg ist demzufolge bei Lernvorgängen zu erwarten, in denen eine hohe Aktivierung der Schüler, sprich Ausrichtung an ihren Interessen erfolgt: durch Beteiligung also. Wer die Forderung nach weitgehender Beteiligung nicht nur im Rahmen einer demokratischen Schulkultur, sondern auch unter dem Lernaspekt stellt und Schülern die Erfahrung der Selbstwirksamkeit ermöglichen will, der kann ein Buddy-Projekt zur Schüleraktivierung nicht an diesen vorbei planen. Um Kinder und Jugendliche von Anfang an in die Planung einzubinden und ihre Beteiligungsmöglichkeit zu stärken, steht zu Beginn der Planung des Buddy-Praxisprojekts die Erhebung des Bedarfs an Veränderungen im Schulleben – inner- oder außerhalb der Klassengemeinschaft. Die Schüler werden hier als Experten und gleichrangige Ansprechpartner wertgeschätzt, deren Bedürfnisse und Interessen, Erfahrungen und Anregungen eingebracht werden.

Ziele von Schritt 1:
- Schüler in die Suche nach Anwendungsfeldern für Peergroup-Education einbeziehen und ihre Themen und Anliegen ermitteln: Welchen konkreten Handlungsbedarf haben die Schüler selbst?
- Förderung der demokratischen Schul- und Lernkultur: Welches Interesse und welche Gestaltungsmöglichkeiten haben die Schüler?

Das benötige ich dafür:
Kopien der Fragebögen für jeden Schüler (Seite 51); Vorlage des Tafelbilds (Seite 49), Moderationswand oder Tafel, farbige Klebepunkte oder Stifte

Buddy-Audit

Das „Audit" richtet sich an Schüler ab der Sekundarstufe I. Es untersucht in drei Schritten
- die Einschätzung der einzelnen Schüler zu bestimmten Aspekten des Zusammenlebens und Zusammenlernens per Fragebogen (Dauer ca. 10–15 Minuten),
- die gemeinsame Besprechung der Ergebnisse aus der Fragebogenerhebung und eine Analyse dieser Themen in Hinblick auf Positives und Verbesserungsbedürftiges aus der Perspektive der gesamten Gruppe oder Klasse (Dauer ca. 30 Minuten),
- die Priorisierung der ermittelten Verbesserungsbedarfe aus Sicht der Gruppe oder Klasse (Dauer ca. 10–15 Minuten).

Zeitbedarf:
Für die Durchführung des Buddy-Audits ist ein Zeitumfang von etwa einer Stunde erforderlich. Zum Ausfüllen des Fragebogens werden etwa 10 Minuten benötigt, für die beiden anderen Parts sind ungefähr 45 Minuten einzuplanen (der Zeitbedarf ist abhängig von der Größe der Gruppe und ihrer Diskussionsbereitschaft).

Vorbereitung:
Die Fragebögen werden zunächst kopiert. Ein Poster- oder Tafelbild sollte ungefähr wie abgebildet vorbereitet sein, damit man es entsprechend ergänzen kann.

Durchführung:
Zur Einführung wird den Schülern der Sinn und Zweck des Audits erklärt. Es soll deutlich werden, dass es sich hierbei nicht um einen Test oder eine Art Prüfung mit richtigen oder falschen Antworten handelt.

1. Ist-Stand aus der Perspektive jedes einzelnen Schülers
Die Lehrkraft teilt den Fragebogen an die Schüler aus und weist darauf hin, dass sie sich für die Antworten genug Zeit nehmen sollen. Auf die Bögen werden keine Namen geschrieben, da sie anonym behandelt werden sollen. Nach dem Ausfüllen wird der Bogen eingesammelt und von der Lehrkraft zur nächsten Stunde durch Auszählen ausgewertet.

…

3. DAS BUDDY-PROJEKT

3.1 3.2 3.3 3.4 3.5 3.6 3.7 3.8

2. Gemeinsame Ergebnisbesprechung und Ermittlung von Verbesserungsbedarfen

Die einzelnen Aussagen des Fragebogens werden zusammen mit ihren Ergebnissen entweder an die Tafel bzw. auf ein Flipchart geschrieben oder als Kopie an jeden Schüler ausgeteilt. Die Ergebnisse werden gemeinsam betrachtet. Dann fragt die Lehrkraft die Schüler, was den Ergebnissen zufolge in der Klasse gut läuft und was noch verbessert werden sollte.

Dazu werden die Aussagen des Fragebogens mit den jeweiligen Befragungsergebnissen einzeln durchgegangen. Zu jedem Punkt wird gefragt, was die Schüler denken, warum die jeweilige Situation in der Klasse so eingeschätzt wird: Warum wird eine Situation positiv bewertet, warum wird sie (von manchen) negativ eingeschätzt?

Ein Beispiel:
Zur Aussage 1: „Bei uns wird im Unterricht oft in Gruppen oder Teams zusammengearbeitet. Das funktioniert meistens gut und macht Spaß."
Die meisten Schüler stimmten dieser Aussage zu 100 % oder 66 % zu, einige aber kreuzten auch 33 % und 0 % an. Aufgrund der Nachfragen des Lehrers und dem Gespräch mit den Schülern ergibt sich, dass die mit der Gruppenarbeit zufriedeneren Schüler Positives darin sehen, dass es recht häufig Teamarbeit im Unterricht gibt, weil sie dann mit anderen zusammenarbeiten können und meistens Spaß dabei haben. Andere Schüler hingegen stimmten dieser Aussage nur zu 33 % zu und zwei Schüler kreuzten sogar 0 % an. Bei den Vermutungen dazu, warum einige Schüler die Teamarbeit kritisch sehen könnten, wird deutlich, dass Gruppenarbeiten gelegentlich sehr chaotisch verlaufen, dass einige der Schüler nicht mitmachen und andere dann mehr arbeiten müssen. Der Lehrer schreibt zu diesem Punkt als überwiegend positive Schülereinschätzung an die Tafel: „Es wird recht häufig in Gruppen gearbeitet, was den meisten Schülern Spaß macht." In der Spalte mit den weniger gut bewerteten Punkten wird notiert: „Gruppenarbeiten sind gelegentlich sehr chaotisch, nicht alle machen mit und andere müssen mehr arbeiten." (siehe Abbildung).

In dieser Weise kann zu jeder der Aussagen verfahren werden. Gleichzeitig muss nicht zwangsläufig jeder Punkt umfassend diskutiert werden. Abhängig von den Ergebnissen der Befragung kann es auch ausreichen, sich auf eine Auswahl auffälliger Antworten zu konzentrieren. Da es letztlich darum geht, Verbesserungsbedarfe zu ermitteln, liegt ein besonderes Augenmerk auf kritischen Einschätzungen und besonderen Ausschlägen (ohne dabei die positiven Seiten auszublenden).

Das ist ok ↓	Das läuft nicht so gut ↓
Im Unterricht:	
• man kann manchmal mit anderen zusammenarbeiten • … • …	• Gruppenarbeiten sind oft chaotisch; nicht alle machen mit und andere müssen mehr arbeiten • wenig gegenseitige Hilfe im Unterricht • manchmal sind Schüler allein (in der Klasse und auf dem Schulhof)
In unserer Schule (in Pausen, auf dem Schulhof etc.):	
• es gibt eine SV • … • …	• Schwächere werden gehänselt und ausgegrenzt • Hilfe bei Streitereien auf dem Schulhof
Im Schulumfeld:	
• selten Konflikte auf dem Schulweg • … • …	• kaum Projekte, bei denen man sich für etwas „Gutes" einsetzt • wenig Projekte über die Schule hinaus

Mögliches Tafelbild

3. DAS BUDDY-PROJEKT

3.1 3.2 3.3 3.4 3.5 3.6 3.7 3.8

Worauf ist zu achten?

Die Anonymität der Schüler sollte weitestgehend gewahrt werden. Nur wenn diese von sich aus deutlich machen wollen, welche Einschätzung sie persönlich vertreten, ist dies legitim. Insofern ist vorab zu betonen, dass es bei der Auswertung nicht wichtig ist, welcher Schüler welche Bewertung abgegeben hat, sondern dass es darum geht, gemeinsam zu überlegen, wie Schüler dazu kommen, die Situation in der Klasse (kritisch) wahrzunehmen. Insofern werden die Fragen an die Gruppe in anonymisierter Form gestellt.

Insbesondere bei den Punkten, die kritisch bewertet wurden, ist es wichtig, die Situation durch Fragen und Gespräch möglichst genau zu fassen, um zu ermitteln, worin konkrete Verbesserungsbedarfe bestehen. Dies gilt auch, wenn der Großteil der Schüler die Situation positiv bewertet und nur ein oder zwei Schüler eine eher negative Einschätzung abgegeben haben.

Das eher analytische Nachfragen der Lehrkraft zu den Stärken und Verbesserungsbedarfen in der Klasse sollte im Hintergrund begleitet werden von der impliziten Frage: Was braucht die Klasse, um diese oder jene Situation verbessern zu können?

- Scheinen beispielsweise besonders solche Buddys gefragt, die dafür zuständig sind, bei Teamarbeiten und in Gruppenprozessen das „Miteinander" zu organisieren bzw. zu moderieren? Wenn ja, auf welche Situationen richtet sich der Bedarf konkret?
- Besteht ein Bedarf, Hilfe in Konflikten zu erfahren, indem zwischen Schülern vermittelt wird? Wo treten die meisten Konflikte auf? Um welche Art von Konflikten handelt es sich hier?
- Brauchen einzelne Schüler „Paten", die ihnen helfen und sich für sie verantwortlich fühlen? In welchen Situationen ist die Unterstützung erforderlich?

3. Verbesserungsbedarf in Buddy-Handlungsfeldern

Nachdem zu den besprochenen Aussagen Stärken und Schwächen der gegenwärtigen Situation gesammelt wurden, gilt es nun zu ermitteln, welche der gesammelten Aspekte aus Sicht der Schüler unbedingt verbessert werden sollten. Dazu erhält jeder sechs Klebepunkte in einer Farbe (sollten keine Klebepunkte vorhanden sein, können auch mit Stiften Punkte gemalt werden). Diese sollten entsprechend ihrer Prioritäten verteilt werden: Themen, die am wichtigsten und dringendsten angegangen werden sollten, erhalten drei Punkte, Themen, die ebenfalls wichtig, aber nicht ganz so dringend sind, bekommen zwei Punkte und ein eher allgemeiner Veränderungsbedarf wird mit einem Punkt markiert.

Nach dem „Punkten" wird gezählt, welche der gesammelten Aspekte wie viele Punkte erhalten haben. Diese werden – beginnend mit dem Höchstbewerteten – auf einem Flipchart (oder einer zweiten Tafel) untereinander aufgelistet. So entsteht ein Bild des wichtigsten Veränderungsbedarfs aus Schülersicht.

Auswertung:

Das Tafelbild zu den gemeinsam gesammelten Stärken und Schwächen des Miteinanderlernens und Zusammenlebens der Schüler ist anschließend zu dokumentieren, zum Beispiel als Foto oder als Plakat. Gleiches gilt für die Liste der priorisierten Veränderungsbedarfe der Schüler. Die gesammelten Ergebnisse des Audits können nun in die Projektentwicklung der Schule einfließen.

Darüber hinaus können die Ergebnisse der Fragebogenauswertung potenziell auch dazu dienen, Entwicklungen abzubilden: Wenn die Befragung beispielsweise ein Jahr nach Einführung eines Buddy-Projekts wiederholt würde, können sich hier Veränderungen ablesen lassen.

3. DAS BUDDY-PROJEKT

3.1 3.2 3.3 3.4 3.5 3.6 3.7 3.8

Fragebogen Buddy-Audit: Wie ist das in unserer Schule?

Kreuze an, wie sehr die einzelnen Aussagen zutreffen.

	Stimmt total (100%)	Stimmt zum Teil (66%)	Stimmt eher nicht (33%)	Stimmt nicht (0%)
1. Bei uns wird im Unterricht oft in Teams und Gruppen zusammengearbeitet.				
2. Wenn jemand in unserer Klasse im Unterricht oder bei seinen Hausaufgaben Hilfe braucht, dann helfen ihm andere Schüler unserer Klasse.				
3. Jeder aus unserer Klasse hat jemanden, der oder die für ihn da ist – egal ob im Klassenraum oder in den Pausen.				
4. Wenn in unserer Klasse Streitereien aufkommen, dann halten die nie lange an.				
5. Wenn Schüler neu in unsere Schule oder in eine Klasse kommen, dann gibt es andere Schüler, die ihnen dabei helfen, sich zurechtzufinden.				
6. Die Stimmung in den Pausen ist gut. Die Schüler fühlen sich wohl, gehen respektvoll miteinander um und niemand ist allein.				
7. Schülern, die Hilfe brauchen (weil sie z. B. eine sprachliche oder körperliche Behinderung haben oder aus anderen Gründen Unterstützung brauchen), wird immer geholfen.				
8. Es gibt in unserer Schule Schüler, die sich für unsere Interessen aktiv einsetzen und die in der Schule vieles auf die Beine stellen.				
9. Auf dem Weg zur Schule fühlt sich jeder Schüler sicher.				
10. Viele Schüler unserer Schule nehmen an Projekten teil, in denen es darum geht, sich auch über die Schule hinaus für andere Menschen einzusetzen.				
11. Wenn ich als Schüler Fragen oder Probleme habe – mit anderen oder die Schule generell betreffend – kenne ich fast immer jemanden, der mir weiterhelfen kann.				
12. Es gibt in unserer Schule Schüler, die andere dazu ausbilden, Schülern zu helfen.				

Kopiervorlage

3. DAS BUDDY-PROJEKT

3.1 **3.2** 3.3 3.4 3.5 3.6 3.7 3.8

3.2 ANALYSE DES SCHULPROFILS

Die Bedarfsanalyse der Schüler bildet eine gute Basis für den zweiten Schritt zur Bestimmung eines Buddy-Praxisprojekts, in dem die Lehrkräfte ihre Schule als System erfassen und eruieren: Welche Problem- und Konfliktfelder gibt es an unserer Schule? Inwiefern ist die Schule bisher im Kontext soziales Lernen aktiv geworden?

Ziele von Schritt 2:
- Überprüfen der bestehenden Problemfelder und der bisherigen Aktivitäten zum sozialen Lernen aus Sicht der Lehrkraft bzw. der projektbeauftragten Person,
- Erarbeitung möglicher Handlungsfelder.

Das benötige ich dafür:
Kopien des pädagogischen Hexagons (siehe Seite 54), Leitfragen

⊙ Pädagogisches Hexagon

Das pädagogische Hexagon wurde von Kurt Faller als Instrument zur Analyse von sozialen Organisationen entwickelt. Auf der oberen Ebene (Punkte 1–3) werden die akuten, offensichtlichen Konflikt- und Handlungsfelder erarbeitet, die ein Eingreifen erfordern. Welche präventiven Maßnahmen werden dazu angewandt? Über welche Kompetenzen verfügen die Beteiligten bereits?
Auf der unteren Ebene des pädagogischen Hexagons (Punkte 4–6) wird die Implementierung ins System erarbeitet. Sie finden die Umsetzung unter 3.4 auf Seite 60.

Durchführung:
Sie können die Analyse der Ist-Situation der Schule allein, mit einem Partner, einer (Projekt-)Gruppe oder dem gesamten Kollegium vornehmen. Je mehr Sichtweisen auf die Problemfelder der Schule sich abbilden, umso besser ist es für die daraus folgende Diskussion der möglichen Handlungsfelder, da die Interessen vieler Beteiligter berücksichtigt werden können.

1. Fragen zu Problem- und Handlungsfeldern

Entwickeln Sie mit den nachfolgenden „Fragen zu Problem- und Handlungsfeldern" ein Bild vom sozialen Profil der Schule.

Wo in Ihrer Schule oder Ihrem Schulumfeld gibt es Themen oder Probleme, die dringlich sind? Mögliche Handlungsfelder sind die Bereiche Problem- und Konfliktbearbeitung, Prävention, Lernen und Unterricht oder das Schulklima im Allgemeinen …

- **Schülerbeteiligung:** Welche Bereiche und Felder, in denen Veränderungsbedarf herrscht, haben die Schüler über das „Buddy-Audit" ermittelt?
- **Problem- und Konfliktbearbeitung:** Gibt es Probleme, die angegangen werden müssen oder bei denen die bisherigen Interventionen nicht ausreichend waren?
- **Prävention:** In welchen Feldern werden präventive Maßnahmen überlegt oder schon umgesetzt?
- **Lernen und Unterricht:** In welchen Bereichen des Unterrichts wären Formen von offenem Unterricht, Gruppenunterricht oder Modelle zum selbstregulierten Lernen sinnvoll? In welchen Fächern können sich Schüler untereinander beim Lernen unterstützen?
- **Schulleben:** Gibt es in der Schule Orte, die besser betreut werden müssen oder lassen sich Abläufe in der Schulgemeinschaft anders regeln? Inwiefern könnten Schüler dazu einen Beitrag leisten?

2. Leitfragen zur Ist-Stand-Analyse

Die oberen drei Analyseschritte des pädagogischen Hexagons werden anhand des „Leitfragens zur Ist-Stand-Analyse" erarbeitet. Die Bestandsaufnahme für die Schule wird an die A-Achse des Hexagons geschrieben.

1. Intervention
Überlegen Sie, wie die Schule bisher mit schwierigen Situationen und Konflikten umgeht und welche neuen Herangehensweisen sinnvoll erscheinen.

- Welche Konflikte treten an der Schule auf? Sind es eher Schüler-Schüler-, Schüler-Lehrer-, Lehrer-Eltern- oder Schule-Umfeld-Konflikte? Wie viel Zeit wird mit der Bearbeitung von Konflikten verbracht?
- Wie werden diese Konflikte bisher gelöst? Wie hoch ist die Zufriedenheit mit den Ergebnissen? Werden die erzielten Lösungen von den Beteiligten akzeptiert und als fair empfunden?

3. DAS BUDDY-PROJEKT

3.1 **3.2** 3.3 3.4 3.5 3.6 3.7 3.8

- Warum werden diese Verfahren gewählt? Gab es Versuche, manche Dinge anders zu klären und warum sind diese Versuche nicht langfristig umgesetzt worden?
- Welche an den Interessen der Beteiligten orientierten Verfahren sind möglich und erscheinen für die Schule umsetzbar? Ist es sinnvoll, Streitschlichtergruppen einzurichten? Sind Buddy-Projekte für bestimmte Schülergruppen oder für die Unterstützung einzelner Schüler in bestimmten Problemlagen sinnvoll?

2. Prävention
Bedenken Sie, welche präventiven Maßnahmen bereits getroffen werden.

- Wie verläuft der soziale Prozess der Entwicklung der Schüler? Gibt es pädagogische Konzepte zur Entwicklung der Klassengemeinschaft? Könnten die Schnittstellen im Übergang zur Sekundarstufe besser gestaltet werden? Welche alters- und strukturbedingten Probleme treten in den einzelnen Klassenstufen auf?
- Wie wird bisher mit diesen Störungen umgegangen? Gibt es gemeinsam verabredete Vorgehensweisen oder versucht jede Lehrkraft, sich individuell damit auseinanderzusetzen? An welchen Stellen könnten begleitende Projekte zweckmäßig eingesetzt werden?

3. Kompetenzen
Erwägen Sie, welche sozialen Kompetenzen die Schüler bereits besitzen und wie soziales Lernen besser erreicht und vermittelt werden kann.

- Welche Fähigkeiten und Fertigkeiten zum konstruktiven Umgang miteinander haben die Schüler?
- Welche sozialen Lernziele müssen vermittelt werden und welche sind im Rahmen des normalen Unterrichts zu erreichen? Sind methodische Hilfen für die Lehrkräfte notwendig? Wie könnten handlungs- und erfahrungsorientierte Elemente in den Unterricht eingebaut werden?
- Werden Projekte zum interkulturellen Zusammenleben durchgeführt? Sind soziale Trainingskurse für die Schule sinnvoll?

3. Fragen zur Schüleraktivierung

Abschließend wird mittels der „Fragen zur Schüleraktivierung" überlegt, an welchen Stellen Projekte zur Förderung der Eigenaktivität der Schüler und des sozialen Lernens die schon vorhandenen Maßnahmen unterstützen können. Die Antworten werden jeweils an die Achse B des Hexagons geschrieben.

- An welcher Stelle hätte ein Buddy-Projekt die größte pädagogische Wirkung?
- Wo ist der Beitrag von Schülern zur Lösung eines Problems oder zur Bewältigung einer Aufgabe am effektivsten eingesetzt?
- Wie wird das Projekt am günstigsten mit der Struktur, den geltenden Regeln und den bestehenden Ressourcen verbunden?

✏ Bestehende Strukturen wertschätzen

Bei allen weiteren Planungsschritten sollten Sie beachten: Schulen sind komplexe und dynamische Gebilde. Jede Intervention, etwa ein neues Projekt, trifft auf gewachsene Strukturen, auf Regeln, Erwartungen und Herangehensweisen, die sich in der gemeinsamen Arbeit herausgebildet haben. Hat eine Schule oder eine sonstige Bildungseinrichtung Interesse daran, die Eigenaktivität der Schüler zu fördern, indem sie Kinder und Jugendliche in die Lösung von Problemen oder die Umsetzung von strategischen Vorhaben einbezieht, dann sollten die Ansatzpunkte sorgfältig bedacht werden. Übernehmen Kinder und Jugendliche wie beim Buddy-Projekt mehr Verantwortung und agieren sie eigenständiger, so wirkt sich dies auf das gesamte System Schule aus, auf die Organisation, auf die bestehenden Regeln und vor allem auf das Handeln der Lehrkräfte. Die Folgen einer einzelnen Maßnahme können Schule also schon verändern. Umso wichtiger ist es, so viele Kollegen wie möglich einzubeziehen und am Prozess zu beteiligen.

3. DAS BUDDY-PROJEKT

3.1 **3.2** 3.3 3.4 3.5 3.6 3.7 3.8

Pädagogisches Hexagon

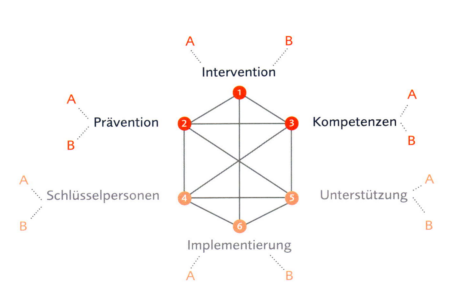

3. DAS BUDDY-PROJEKT

3.1 3.2 **3.3** 3.4 3.5 3.6 3.7 3.8

3.3 DAS 15-FELDER-MODELL – ANWENDUNGSFELDER UND PROJEKTBEISPIELE

Das Buddy-Projektraster bietet durch die 15 Felder die Möglichkeit, die Problem- und Handlungsfelder für die Schüleraktivierung, also alle im Hexagon jeweils an der Achse B notierten Bereiche, gedanklich zusammenfügen und visuell zu verorten.

Ziele von Schritt 3:
- Entwicklung einer konkreten Vorstellung davon, in welchem Bereich ein Buddy-Projekt für Ihre Schule besonders sinnvoll ist. Das Buddy-Projektraster dient dabei als Veranschaulichungsinstrument und zeigt in 15 Feldern praktische Beispiele für Buddy-Projekte auf.
- Anregungen zu konkreten Maßnahmen und Projekten, welche die soziale Handlungskompetenz von Schülern fördern,
- Abgleich der Projektideen, die im vorigen Schritt an die Achse B des pädagogischen Hexagons geschrieben wurden.

Das benötige ich dafür:
Abbildung Buddy-Projektraster

Buddy-Projektraster

Anhand der Felder 1–15 des Buddy-Projektrasters werden unterschiedliche Varianten für Schulprojekte im Bereich soziales Lernen ersichtlich. Es verdeutlicht den aufeinander aufbauenden Schwierigkeitsgrad von Buddy-Praxisprojekten in einer übersichtlichen Struktur. Das Buddy-Projekt ermöglicht es jeder Schule, ein eigenständiges, für ihre spezifischen Belange geeignetes Modell sozialen Lernens zu entwickeln. Die systematisch geordneten Projektvorschläge sind als Beispiele zu verstehen, um je nach Ziel und Rahmenbedingungen Ideen und Designs für die eigene Schule zu entwickeln.

Durchführung:
Eine Gruppe von Lehrern einer Schule überprüft die in Schritt 2 ermittelten Projektentwürfe anhand des 15-Felder-Modells: In welchem Feld soll sich das Praxisprojekt verorten? Berücksichtigt es die Schülerinteressen?

Das Buddy-Projektraster
Das 15-Felder-Modell verbindet die fünf Ebenen mit den drei Modellen der Peergroup-Education, also
- **altersübergreifend** z. B. ältere Schüler geben Kompetenzen oder Wissen an jüngere Schüler weiter oder Schüler geben Senioren Internetkurse,
- **von Gleich zu Gleich** z. B. Buddys übernehmen in der Klasse für eine bestimmte Projektdauer gemeinsam abgestimmte Aufgaben zur Förderung oder Unterstützung von Mitschülern,
- **im gegenseitigen Austausch** z. B. wechselseitiger Austausch bei Lernpartnerschaften, in denen jeder für den anderen Buddy-Funktionen des Hinterfragens und Reflektierens übernimmt.

Die einzelnen Ebenen bauen in Bezug auf die Komplexität der sozialen Kompetenz der beteiligten Buddys aufeinander auf. Schulen, die wenig Erfahrung mit Peergroup-Education und sozialen Lernprogrammen haben, beginnen am besten mit einem Projekt auf der ersten oder zweiten Ebene, Schüler helfen Schülern oder Schüler lernen miteinander. Hier gibt es für Schüler in der Regel ein klares Setting, um erste Erfahrungen mit ihrer neuen Rolle und Haltung als Buddy zu sammeln. Dadurch, dass im Buddy-Projekt die Reflexion des persönlichen Lernens Teil der Programmatik ist, entwickeln die Kinder und Jugendlichen eine individuelle Lernstrategie und zunehmende Überzeugung von Selbstwirksamkeit – die beste Basis dafür, selbst nachrückende Buddys anzulernen und zu coachen, Mitschüler in Problemlagen zu beraten oder bei Schlichtungen zu unterstützen.

Mit den individuellen Kompetenzen der Buddys wird das System wachsen, in dem sie sich aktiv beteiligen können und andere Buddys in selbst gewählten Anwendungsfeldern begleiten.

3. DAS BUDDY-PROJEKT

3.1 3.2 **3.3** 3.4 3.5 3.6 3.7 3.8

Kompetenz- vermittlung	Schüler helfen Schülern (Peer-Helping)	Schüler lernen miteinander (Peer-Learning)	Buddys leiten Buddys an (Peer-Coaching)	Buddys beraten Schüler (Peer-Counseling)	Buddys vermitteln bei Konflikten (Peer-Mediation)
Altersübergreifend (Cross Age)	**1** Schüler als Paten	**4** Schüler als Tutoren	**7** Erfahrene bilden jüngere Buddys aus	**10** Buddys beraten jüngere Schüler	**13** Buddys unterstützen Streitschlichter
Von Gleich zu Gleich (In Peergroups)	**2** Schüler als Helfer	**5** Schüler helfen beim Lernen	**8** Buddys unterstützen Buddys	**11** Buddys beraten Peers	**14** Buddys schlichten Konflikte
Im gegenseitgen Austausch (Reverse Role)	**3** Schüler helfen sich gegenseitig	**6** Schüler lernen voneinander	**9** Austausch zwischen Buddy-Gruppen	**12** Buddys beraten sich gegenseitig	**15** Buddys geben Feedback zur Schlichtung

Entwicklung → © Kurt Faller

ⓘ Die Ebenen des Buddy-Projektrasters im Einzelnen

Ebene 1 „Schüler helfen Schülern"

Charakteristika: Projektthemen, bei denen Schüler andere in Alltags-, Übergangs- oder besonderen Belastungssituationen unterstützen oder in denen sie Verantwortung für allgemeine Aufgaben an der Schule übernehmen. Es sind in der Regel niedrigschwellige Aufgaben für einzelne Schüler, für Klassen oder klassenübergreifende Gruppen. Durch die Einstiegsprojekte erfahren die Schüler, dass jemand für sie da ist und sie unterstützt. Dadurch wird es selbstverständlicher, Hilfe anzunehmen und selbst anderen zu helfen.

Beispiele:
- Patenprojekte für Schüler der Eingangsklassen oder für einzelne neue Schüler,
- Pausen-Buddys, die sich – in Koordination mit den Aufsicht führenden Lehrpersonen – bei Meinungsverschiedenheiten auf dem Pausenhof einschalten,
- Schulweg-Buddys, die Ansprechpartner im Bus, an den Haltestationen und auf dem Schulweg sind,
- Buddys, die kranken Mitschülern die Hausaufgaben vorbeibringen,
- Buddys, die eine selbst verwaltete Cafeteria leiten,
- …

Ebene 2 „Schüler lernen miteinander"

Charakteristika: In der Regel handelt es sich um Projekte zur Schüleraktivierung in der Klasse, die entweder dazu beitragen, das Lernen zu ermöglichen oder Lerninhalte zu erschließen. Es geht also nicht nur um den Erwerb einer individuellen Lernkompetenz, sondern auch der Kompetenz, das eigene Lernen und das Lernen anderer zu reflektieren und dadurch das Lehren zu lernen.

Beispiele:
- Hausaufgaben-Buddys, die Mitschüler nachmittags unterstützen,
- Vorbereitungsgruppen für Tests und Prüfungen,

3. DAS BUDDY-PROJEKT

- Lese-Buddys, die Mitschülern helfen, ihre Lesekompetenz zu verbessern,
- der Klassenrat, der die Klärung von Problemen oder schwierigen Themen in der Klassengemeinschaft betreibt,
- ...

Ebene 3 „Buddys leiten Buddys an"

Charakteristika: Auf dieser Ebene formieren sich komplexere Buddy-Projekte. Die beteiligten Schüler haben schon Erfahrungen in der Arbeit als Buddy oder in anderen sozialen Lernprogrammen gemacht – und diese Erfahrungen in einem selbstreflexiven Prozess aufarbeiten können, so dass sie ihnen nun als Handlungskompetenz zur Verfügung stehen. Nur dann können sie die Arbeit anderer Buddys anleiten. Die Buddys agieren hier als eine Art Coach, indem sie andere anleiten, in Peergroup-Projekten als Buddys aktiv zu werden und ihren Lernprozess zu reflektieren.
Auf dieser Ebene unterstützen und begleiten die Buddys etwa Projekte, die auf den Ebenen Helfen und Lernen angesiedelt sind.

Beispiele:
- Mentoren-Projekte für Pausen- oder für Hausaufgaben-Buddys, wobei ältere Buddys Ansprechpartner für „kleine" Buddys sind und mit ihnen deren Erfahrungen reflektieren,
- kollegiale Beratung zwischen Buddy-Gruppen,
- ...

Ebene 4 „Buddys beraten Schüler"

Charakteristika: Schüler einer Buddy-Gruppe entwickeln ihre Beratungskompetenz, indem sie jüngeren oder gleichaltrigen Mitschülern bei persönlichen oder schulischen Problemen helfen.

Beispiele:
- Beratungen bei Lernschwierigkeiten,
- Hilfe bei persönlichen Problemen und Nöten in der Schule, etwa bei Auseinandersetzungen mit Mitschülern oder Ärger mit Lehrkräften,
- Schülerfallberatung, bei der Buddys sich gegenseitig ihre Erfahrungen schildern und sich Rat von anderen holen können, z. B. hinsichtlich der Betreuung gefährdeter Schüler,
- ...

Ebene 5 „Buddys vermitteln bei Konflikten"

Charakteristika: Es handelt sich in der Regel um Projekte, bei denen Buddys Hilfe im Rahmen bestehender Streitschlichterprojekte anbieten. Die Buddys übernehmen hier nicht die Rolle der Mediatoren, unterstützen sie und die im Konflikt befindlichen Schüler jedoch an bestimmten Punkten.

Beispiele:
- Unterstützung von Streitschlichtern und Konfliktlotsen,
- Begleitung von „geschlichteten" Schülern,
- ...

3. DAS BUDDY-PROJEKT

3.1 3.2 **3.3** 3.4 3.5 3.6 3.7 3.8

ⓘ Das System des Projektrasters

Die fünf aufeinander aufbauenden Ebenen von Buddy-Projekten stellen jeweils spezifische Anforderungen an Schüler und Lehrer – und sie erfordern jeweils andere Kompetenzen. Die unten in der Tabelle aufgeführten Kompetenzen lassen sich auch auf andere Ebenen übertragen – so kann Reflexionsfähigkeit auch in der Ebene Helfen von Bedeutung sein. Kennzeichnend und unverzichtbar wird sie aber erst ab der Ebene Lernen.

Helfen
Basale Kompetenzen: Helfen, Begleiten, Perspektivübernahme, Kooperationsfähigkeit, Kommunikationskompetenz

Lernen
Reflexionsfähigkeit, Lernkompetenz, spezifische Lerntechniken

Anleiten/Coachen
Wissen über Coaching, Techniken des Lehrens

Beraten
Beratungstechniken (Fallberatung), Problemwissen (je nach „Fällen")

Vermitteln
Konfliktfähigkeit, Wissen über Mediation

3. DAS BUDDY-PROJEKT

3.1 3.2 3.3 **3.4** 3.5 3.6 3.7 3.8

3.4 DAS BUDDY-PROJEKTDESIGN

Durch das Buddy-Projektraster haben Sie vielfältige Anregungen für ein Buddy-Praxisprojekt an Ihrer Schule erhalten. Jetzt sollen diese Ideen in fest umrissene Projektdesigns umgesetzt und konkretisiert werden.

Ziele von Schritt 4:
- Konzepterstellung.
- Die Ziele werden formuliert.
- Die Schulleitung sollte einen klaren Projektauftrag erteilen.
- Der Ablauf des Buddy-Projekts wird genau geplant.

Das benötige ich dafür:
Abbildung pädagogisches Hexagon, Planungsraster, Planungsdiagramme, Meilensteinplan

1. SMART-Analyse

Ziele definieren: Projekte entstehen immer aus dem Wunsch nach Veränderung einer unbefriedigenden Situation. Dieses ist keine alltägliche Aufgabe, ein systematisches Vorgehen ist daher unumgänglich. Die anfallenden komplexen Aufgaben müssen strukturiert und gesteuert werden. Allgemein ist ein Projekt charakterisiert durch
- seine zeitliche Begrenzung durch einen festen Anfangs- und Endpunkt,
- eine klare Zielvorgabe, die in den Dimensionen Zeit, Aufwand und Qualität messbar ist,
- begrenzten Ressourceneinsatz,
- wechselseitig aufeinander abgestimmte Teilaufgaben,
- eindeutige Aufgabenstellung, Verantwortung und Zielsetzung.

Eine konkrete Projektidee entspringt immer aus der Diskrepanz zwischen einer realen Problem- oder Ist-Situation und der Vorstellung von einem zukünftigen verbesserten Zustand. Dabei ist es besonders wichtig, das Ziel, sprich die veränderte Ist-Situation, klar zu beschreiben. Die zentralen Fragen sind folglich:
- Was soll mit dem Buddy-Projekt erreicht werden?
- Wozu entwickle ich ein Buddy-Projekt?

Um zu benennen, was genau mit dem Projekt erreicht werden soll, eignet sich die SMART-Analyse:

SMART-Analyse

Ziele müssen:
Spezifisch sein, d.h. so fest umrissen und präzise wie möglich, damit keine Missverständnisse aufkommen,
Messbar sein, d.h. Qualität und Quantität des gewünschten Ergebnisses müssen festgelegt werden,
Angemessen sein, d.h. sie müssen sinnvoll in die Pläne passen und zur Projektentwicklung beitragen können,
Realistisch sein, d.h. sie müssen für alle Beteiligten erreichbar sein,
Termingerecht sein, d.h. es müssen konkrete Termine festgelegt werden, zu denen bestimmte Ziele erreicht sein müssen.

Beispiel:
Ausgangssituation/Problemfeld: In den Pausen gibt es Probleme auf dem Schulhof, der von zwei Schulen genutzt wird.

Ansatzpunkt für Buddy-Ziele:
Schülertandems aus beiden Schulen übernehmen in den Pausen die Verantwortung für einen geregelten Pausenablauf.

Ziel nach SMART:
In den nächsten drei Monaten unterstützen jeweils zwei Schülertandems aus den Klassen 10 der beiden Schulen die Lehrerpausenaufsicht in der ersten großen Pause, indem sie bei Streitigkeiten und Rangeleien die beiden Konfliktparteien voneinander trennen oder bei größeren Problemen die Lehrkraft hinzuziehen.

3. DAS BUDDY-PROJEKT

3.1 3.2 3.3 **3.4** 3.5 3.6 3.7 3.8

2. Pädagogisches Hexagon

Mit den folgenden Untersuchungsfragen der unteren Ebene des pädagogischen Hexagons und den Erfahrungen aus den zuvor erarbeiteten Projekt- und Programmvorschlägen ist es möglich, ein auf den akuten Bedarf der jeweiligen Schule zugeschnittenes Buddy-Projekt zu erarbeiten und umzusetzen. Die Analyseschritte 4–6 (als Fortsetzung der Schritte 1–3 „Leitfragen zur Ist-Stand-Analyse aus Kapitel 3.2) können in Form eines Partner-Interviews anhand der folgenden „Leitfragen zum Schulprofil" mit einem Lehrerkollegen gemeinsam erarbeitet werden. Beide haben dazu eine Kopie des pädagogischen Hexagons vor sich liegen und interviewen sich nacheinander. Der Interviewer schreibt die Antworten des Befragten an die betreffenden Punkte des Hexagons. Unter Punkt A werden dabei jeweils die vorhandenen Ressourcen angeführt, unter Punkt B die für die Umsetzung der Projekte und die Implementierung erforderlichen Ressourcen.

Leitfragen zum Schulprofil

4. Schlüsselpersonen

Die Schlüsselpersonen neben den Schülern, die das Klima und die Schulkultur an einer Schule bestimmen, sind die Lehrkräfte. Eine Veränderung des Umgangs miteinander ist möglich, wenn auch die Lehrkräfte dafür gewonnen werden. Die Untersuchungsfragen beziehen sich auf folgende Bereiche:

- Zu welchen Fragen gibt es Interesse an Fortbildung im Kollegium? An welchen Punkten wird Unterstützung von außen beim Umgang mit Konflikten und Störungen als hilfreich empfunden? Welche Themen sollten im Rahmen von Basistrainings vor allem beachtet werden?
- An welchen Punkten gibt es Bereitschaft im Kollegium, sich an Projekten und begleitenden Programmen zu beteiligen und an entsprechenden Fortbildungen teilzunehmen?
- Gibt es Interesse und Bereitschaft, die Schüler stärker zu beteiligen und ihnen gezielt und pädagogisch bedacht mehr Verantwortung zu übertragen?
- Gibt es eine Bereitschaft, stärker als Coach zu arbeiten und damit die traditionelle Lehrerrolle zu überdenken?

5. Unterstützungssysteme

Für die Entwicklung eines stärker erfahrungs- und handlungsorientierten Unterrichts hat sich die Kooperation mit sozialpädagogischen Institutionen als hilfreich erwiesen. Überlegen Sie, ob Ihre Schule in stärkerem Maße die vielfältigen Unterstützungssysteme, die es im kommunalen Bereich und auf Landesebene gibt, nutzen könnte.

- Welche Kinder- und Jugendeinrichtungen besuchen die Schüler außerhalb der Schule? Welche Kontakte gibt es zu diesen Einrichtungen?
- Welche anderen Unterstützungssysteme gibt es für die Schule? Bestehen regelmäßige und persönliche Kontakte zu diesen Institutionen?
- Könnten Buddy-Projekte zum Service-Lernen in Kooperation mit kommunalen und freien Trägern der Jugendarbeit durchgeführt werden?

6. Implementierung

Prüfen Sie, ob und in welcher Form das Prinzip der Verantwortungsübernahme und der Umgang mit Störungen im Konzept der Schule oder im Schulprogramm verankert ist.

- Gibt es eine Übereinkunft bezüglich der Erziehung zu sozialer Handlungskompetenz, des Umgangs mit Konflikten, der Gewaltprävention an der Schule? Wie sind diese Aspekte im Schulprogramm verankert?
- An welchen Punkten müsste das Schulprogramm erweitert werden? Welche Veränderungen in der Struktur und welche Ressourcen sind dazu notwendig?

3. DAS BUDDY-PROJEKT

3.1 3.2 3.3 **3.4** 3.5 3.6 3.7 3.8

Pädagogisches Hexagon

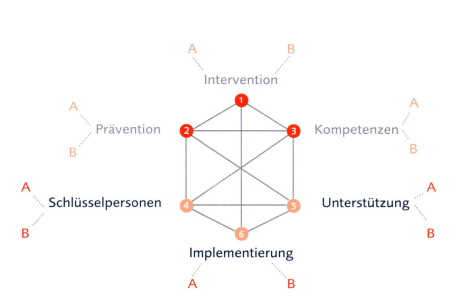

© Kurt Faller
Kopiervorlage

3. DAS BUDDY-PROJEKT

3. Projektdesign

Buddy-Projekte entwickeln: Auf der Basis der herausgearbeiteten Anwendungsfelder und der Idee Ihres Projektziels sowie der im ersten Schritt ermittelten Bedarfe der Schüler können Sie mit dem vorläufigen Projektdesign für Buddy-Projekte beginnen. Der Rückbezug auf das Schüler-Audit ist an dieser Stelle von großer Bedeutung, damit keine versteckten Erwachsenenprojekte entstehen. Der Begriff „vorläufig" verdeutlicht dabei den Prozesscharakter in der Planung. Es geht jetzt darum, konkrete Ideen zu entwickeln, wie ein Buddy-Projekt in diesem Kontext aussehen könnte. Als Vorlage für die Erstellung der vorläufigen Designs können Sie das Planungsraster auf Seite 63 verwenden. Ein Beispiel:

Schüler helfen Schülern

1. Rahmen / Anwendungsfeld

Probleme auf dem Pausenhof, der von zwei Schulen genutzt wird.

2. Ansatzpunkte für Buddy-Ziele

Schülertandems aus beiden Schulen übernehmen in den Pausen Verantwortung.

3. Aufbau des Projekts

1. Kooperation der Schulen
2. Aufbau einer Gruppe
3. Dienstplan
4. …

Projektauftrag abholen, Mitstreiter gewinnen

Die vorläufigen Projektdesigns müssen anschließend mit Kollegen und der Schulleitung diskutiert werden, um Akzeptanz, Zustimmung und Mitarbeiter für das geplante Buddy-Projekt zu erreichen.

Beispiel:

In einer Schule werden in jeder Klasse einer Jahrgangsstufe von mindestens fünf Schülern keine Hausaufgaben mehr gemacht oder nur teilweise durchgeführt. Die Buddy-Projektidee sieht vor, diese Situation zu verändern und Hausaufgaben-Buddys auszubilden, die den Schülern am Nachmittag bei ihren Hausaufgaben helfen.

Bei diesem Projektbeispiel erfahren auch die anderen Fachlehrer durch die verbesserte Lernsituation in den Klassen einen Gewinn durch das Buddy-Projekt und werden sicher ihr Einverständnis erklären.

Mit der Vorstellung des Projektdesigns im Kollegium und bei der Schulleitung zeigen die Buddy-Projektbeauftragten, welches Vorhaben sie planen und wie sie es umsetzen wollen. Dadurch hat die Schulleitung eine Entscheidungsgrundlage dafür, ob sie dem Vorhaben zustimmt und den Auftrag zur Umsetzung erteilt. Eine Beauftragung ist wie ein Kontrakt zwischen den Projektbeauftragten und der Schulleitung zu verstehen. Beide Seiten vereinbaren die Vorgehensweise und es entsteht Gewissheit über den Ablauf und das geplante Ergebnis. Häufig werden zwei Lehrkräfte mit der Buddy-Projektleitung beauftragt. Die Rolle der Projektleitung ist es, einerseits als Moderator und Motivator zu agieren und die Projektgruppe zu steuern, andererseits das Projekt vor der Schulleitung und dem Kollegium zu vertreten. Zu den Aufgaben gehört die Koordination in sämtlichen Phasen, d.h. den Gesamtüberblick behalten, auf die Einhaltung der erarbeiteten Pläne achten und die Zusammenarbeit organisieren. Zudem muss die Durchführung der grundlegenden Entwicklungsschritte, der so genannten Meilensteine, im Auge behalten und der Fortschritt des Projekts kontrolliert werden.

3. DAS BUDDY-PROJEKT

3.1 3.2 3.3 **3.4** 3.5 3.6 3.7 3.8

Buddy-Planungsraster

1. Rahmen / Anwendungsfeld

2. Ansatzpunkte für Buddy-Ziele

3. Aufbau des Projekts

3. DAS BUDDY-PROJEKT

3.1 3.2 3.3 **3.4** 3.5 3.6 3.7 3.8

4. Projektstrukturplan

Buddy-Projekte detaillierter planen: Wenn Sie von der Schulleitung und/oder Kollegen einen klaren Auftrag zur Einführung eines Buddy-Projekts bekommen haben, können Sie das Projekt detailliert planen.

In der Projektplanung wird der Projektablauf schon einmal gedanklich vorweggenommen. Dies gibt die Sicherheit, später zum richtigen Zeitpunkt das Richtige zu tun. Hierfür sollten Sie sich ausreichend Zeit nehmen, da nicht geplante Projektschritte nachträglich die Umsetzung behindern können.

In der Projektplanung wird das gesamte Thema zunächst in seine Bestandteile zergliedert und ein Projektstrukturplan erstellt. Dieser enthält alle Schritte, die für die Umsetzung des Projekts notwendig sind, und teilt sie in Ober- und Unterthemen auf. Durch die grafische Darstellung werden die einzelnen Schritte einer eventuell komplexen Projektidee sehr übersichtlich. Hier sind zwei mögliche Darstellungsformen aufgeführt: Mind Map und Baumdiagramm.

Beispiel Mind Map:

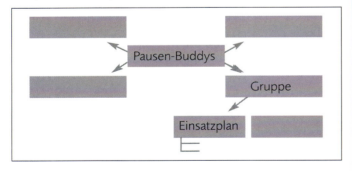

Beispiel Baumdiagramm:

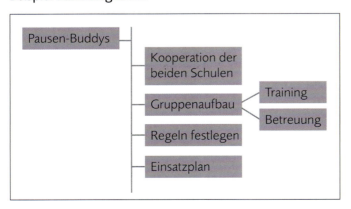

5. Meilensteinplan

Abläufe festlegen: Als Nächstes müssen alle notwendigen Schritte in eine zeitliche Abfolge gebracht werden, so dass für alle Projektbeteiligten ersichtlich ist, mit welchem Schritt begonnen wird und welcher darauf folgt. Äußere Begebenheiten wie Schulferien oder Raumbelegungen sollten bei der zeitlichen Projektplanung mitbedacht werden, ebenso die Überlegung, welche Person einzelne Schritte oder Aufgaben übernehmen könnte und wer die Verantwortung dafür trägt. Der zeitliche Projektablauf kann mit Hilfe einer einfachen Tabelle (Meilensteinplan) verdeutlicht werden, die die einzelnen Schritte einer zeitlichen Abfolge zuordnet.

Beispiel Tabelle Meilensteinplan:

	Oktober	November
Information	15.10. Entwurf Kooperationsvereinbarung der Schulen	10.11. Gesamtkonferenz
Team	25.10. Kennenlern-Veranstaltung der Buddys	20.11. Fertigstellung Einsatzplan
Dokumentation		30.11. Zwischenbericht

Nach der gründlichen Planung des Buddy-Projekts geht es an die Umsetzung der einzelnen Schritte. Hierzu müssen zunächst einmal die Hauptpersonen, die Buddys, mit an Bord geholt werden. Einzelheiten dazu erfahren Sie im folgenden Schritt.

3. DAS BUDDY-PROJEKT

3.5 BUDDYS FINDEN

Nach der in Kapitel 1 gegebenen Definition sind Buddys qualifizierte Unterstützer und Helfer, die das Helfen und Begleiten von Mitschülern als ständigen Reflexions- und somit Lernprozess für die Mitschüler und für sich selbst verstehen. Diese doch sehr komplexe Aufgabenstellung bedingt es, dass Schüler, die Aufgaben als Buddys übernehmen, zum Teil gezielt ausgesucht, qualifiziert und begleitet werden müssen. Eine Buddy-Gruppe kann sich aus ganz unterschiedlichen Teilnehmern zusammensetzen. Die Wahl der Buddys und die Auswahlverfahren sind sicherlich abhängig davon, ob es sich um eine klassenübergreifende Buddy-Gruppe handelt oder ob im Rahmen der Klasse mit den Schülern gearbeitet wird.

Ziele von Schritt 5:
Schüler für das Buddy-Projekt gewinnen.

Das benötige ich dafür:
Je nach Vorgehensweise die Arbeitsblätter (Fragebogen, Zielscheibe) des Buddy-Auswahlverfahrens (siehe Anhang).

Es gibt verschiedene Ansatzpunkte, um Buddys für ein Schulprojekt zu gewinnen:

Buddy-Auswahlverfahren
Dieses Verfahren führt Schüler zunächst an mögliche Inhalte von spezifischen Buddy-Projekten heran und macht die Bereitschaft der Einzelnen deutlich, sich in bestimmten Feldern selbst aktiv als Buddys zu engagieren. Engagement ist dort zu erwarten, wo jemand ein persönliches Interesse an einem Thema hat oder einen persönlichen Bedarf verspürt. Das Instrument zur Zusammenstellung einer Buddy-Gruppe ist recht umfangreich, deshalb wird auf eine Darstellung an dieser Stelle verzichtet. Sie finden das Buddy-Auswahlverfahren ausführlich im Anhang beschrieben.

Ausschreibung
Eine weitere Variante der Auswahl ist eine Ausschreibung im klassischen Sinn. Zu Beginn erfolgt die Bekanntmachung des Buddy-Projekts in der Schule oder Klasse. Am schwarzen Brett oder auf der Internetseite der Schule wird über den Sinn und Zweck des geplanten Buddy-Projekts informiert. Das Aufgabenprofil der Buddys und die Rahmenbedingungen für ihren Einsatz werden erläutert. Wer sich angesprochen fühlt und sich engagieren möchte, kann sich bei der Projektleitung melden. Aufschlussreich ist es, wenn man ein Bewerbungsverfahren in Gang setzt und die Schüler darlegen lässt, was sie an der Tätigkeit als Buddy besonders reizt.

Klassenrat
Sofern in der Klasse ein Klassenrat etabliert ist, sollten die Buddys analog zu den im Klassenrat gefundenen Themen und Projekten von den Schülern selbst ausgesucht werden. Da klasseninterne Buddy-Projekte in der Regel von kürzerer Dauer sind und vom Klassenrat gesteuert werden, können nach und nach alle Schüler Buddy-Aufgaben übernehmen, was die Gefahr einer Festschreibung von Schülern in einer Rolle als „Helfer" und „Hilfebedürftiger" vermindert. Sie finden eine Form des Klassenrats auf Seite 76.

Gezielte Ansprache von Schülern
In einigen Fällen wird es darauf hinauslaufen, dass Sie als pädagogische Fachkraft direkt einzelne Schüler für die Arbeit im Buddy-Team auswählen müssen. Diese Vorgehensweise ist insofern etwas problematisch, als sie dem Aspekt der Partizipation der Schüler und dem Ansatz, sie als Experten für ihre eigenen Belange anzusehen, nicht gerecht wird. Zuerst empfiehlt sich daher immer ein demokratisches Auswahlverfahren, das nach Möglichkeit von der Klasse selbst bestimmt wird, wenn einzelne Buddys aus einer Klasse oder einer anderen Schülergruppe gewonnen werden sollen.
Sollte es unter den gegebenen Umständen aber nicht möglich sein, dass die Wahl der Teilnehmer an dem Peergroup-Projekt durch die Schüler selbst erfolgt, sollten zumindest die Kriterien für die Zusammensetzung der Gruppe aus Sicht der Jugendlichen und nicht aus Erwachsenensicht festgelegt werden. Ohnehin wird sich die Lehrkraft im weiteren Verlauf des Projekts nach und nach weiter zurücknehmen und dadurch das Maß an Mit- und Selbstbestimmung der beteiligten Peers aufgrund deren eigenverantwortlicher Tätigkeit steigern. Wenn Sie als Lehrkraft gezielt Schüler auswählen müssen, ist das Vertrauen-Einfluss-Diagramm ein zweckmäßiges Instrument, um deutlicher zu sehen, welche Schüler als Buddys besonders geeignet sind. Tragen Sie auf dem Diagramm die Namen derjenigen Schüler an den Stellen ein, an denen diese Ihrer Meinung nach viel oder wenig Einfluss in der Klasse und viel oder wenig Vertrauen bei den anderen haben. Versuchen Sie,

3. DAS BUDDY-PROJEKT

3.1 3.2 3.3 3.4 **3.5** 3.6 3.7 3.8

sich in die Situation der Schüler hineinzuversetzen und diese Beurteilung nicht aus der Erwachsenenposition vorzunehmen. Die Schüler, die auf der Diagonale recht hoch angesiedelt sind, sind Personen, die in der Klasse sowohl Vertrauen als auch Einfluss genießen. Diese Schüler sind als Buddys voraussichtlich gut geeignet.

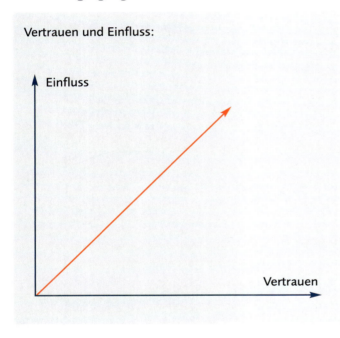

Allgemeine Auswahl-Kriterien

Folgende Kriterien können als grundlegende Merkmale zur Auswahl von Buddys angesehen werden:

- An vorderster Stelle steht auch bei diesem Punkt die Schülerorientierung: Es gilt, die Interessen der Schüler und die Ergebnisse des Audits zu beachten.

- Die Aktivität muss auf Freiwilligkeit beruhen, sonst wird sich eine sinnvolle Entwicklung kaum ergeben. Dazu müssen die Projektziele und der Projektverlauf den Kindern und Jugendlichen gegenüber transparent gemacht werden.

- Es ist eine plausible Erfahrung aus der Peergroup-Education, dass Jugendliche am erfolgreichsten Einfluss auf Gleichaltrige nehmen können, die ihnen von Herkunft, Einstellung, Alter, Geschlecht oder Ethnie her am nächsten stehen. Daher sollte die Verteilungsquote einen möglichst breiten Querschnitt der Schülerschaft repräsentativ abdecken und weibliche und männliche Buddys sollten paritätisch vertreten sein.

- Eine Buddy-Gruppe braucht prinzipiell möglichst viele Jugendliche, die in der Schülerschaft allgemein anerkannt und akzeptiert sind. Die so genannten Peer-Leader sind als Rollenmodelle wirksam und können entsprechend Einfluss nehmen. Zusätzlich lässt sich aber auch eine gezielte Förderung von Schülern betreiben, die beispielsweise eher zurückhaltend sind oder eine Außenseiterposition einnehmen, indem man sie durch die Projektteilnahme stärker miteinbezieht.

- Gerät man als Erwachsener in die Situation, selbst Teilnehmer für ein Peergroup-Projekt auswählen zu müssen, neigt man unwillkürlich dazu, ausschließlich die ohnehin sozial engagierten Schüler wie etwa Schülervertreter in Betracht zu ziehen, die die Funktion als Buddys zusätzlich übernehmen können. Bedenken Sie aber, dass gerade die nicht bequemen, „schwierigen", selbstbewussten Schüler in Problemgruppen häufig eine hohe Akzeptanz haben. Ihnen gelingt es oft, zu Schülern in Notlagen eine sehr direkte und unkomplizierte Verbindung aufzunehmen. Schüler, die selbst auffällig sind, können in einer ansonsten sozial ausgewogenen und funktionierenden Buddy-Gruppe durchaus erfolgreich als Buddys fungieren. Vielfach werden sie selbst „umgänglicher", wenn sie durch die neue verantwortungsvolle Aufgabe eingebunden sind. Das Gefühl, Verantwortung zu tragen und selbst eine Art Vorbild zu sein, gibt ihnen Bestätigung.

- Die ausgewählten Buddys sollten bereits einen Grundstock an Kompetenzen und Fertigkeiten aufweisen, der ihnen hilft, in sozialen Interaktionssituationen angemessen zu handeln. Insbesondere sollten sie ein Mindestmaß an folgenden Eigenschaften und Fähigkeiten mitbringen: die Fähigkeit zur Kooperation im Team, selbstbewusstes Auftreten und Durchsetzungsvermögen, rhetorische Fähigkeiten, Konfliktfähigkeit, Empathie, Flexibilität, Kritikfähigkeit, Durchhaltevermögen für eine dauerhafte Teilnahme, Reflexionsfähigkeit hinsichtlich des eigenen Verhaltens und dem anderer. Zudem sollten sie nicht zu sehr von „missionarischem Eifer" erfasst sein, denn damit kommen sie bei Gleichaltrigen zumeist nicht sonderlich gut an …

3. DAS BUDDY-PROJEKT

3.6 BUDDYS FÜR IHRE ARBEIT QUALIFIZIEREN

Bei der Qualifizierung und Begleitung von Schülern, die als Buddys Verantwortung für das Leben und Lernen in der Schule und ihrem Umfeld übernehmen, ist die Arbeit eines Lehrers als Coach von besonderer Bedeutung. Eine Schüler-Qualifizierung kann nicht normiert erfolgen, sondern sie muss an den Bedürfnissen und Kompetenzen der jeweiligen Personen ansetzen.

Diesem Ansatz und Grundverständnis zufolge macht es wenig Sinn, Buddys in „genormten" Trainings im Vorhinein auf ihre Aufgabe vorzubereiten. Wichtiger ist es, sie im Vorfeld für ihre Tätigkeit zu sensibilisieren, eine Basisqualifikation für den Umgang mit Mitschülern in einer helfenden Beziehung zu vermitteln und darüber hinaus auf Grundlage der Coachhaltung die Gruppe im Prozess zu begleiten und als „Training on the job" zu qualifizieren, wo es nötig ist.

Die wesentliche Begleitung und Qualifizierung muss in der zweiten Phase „Gärung und Klärung" des Modells der Gruppenentwicklung (Seite 37) erfolgen, wo die jeweilige Aufgabe der Buddys von besonderer Bedeutung ist. Hier werden Erfahrungen mit dem Lösen von Konflikten und Problemen gemacht, die reflektiert und in einen Lernprozess zweiter Ordnung überführt werden müssen.

Übungen und Methoden für die darüber hinaus von den Buddys jeweils benötigten Kompetenzen finden Sie im Methodenpool (Kapitel 5).

Ziele von Schritt 6:
Kindern und Jugendlichen die erforderlichen Kompetenzen, Kenntnisse und Voraussetzungen für ihre Tätigkeit als Buddys vermitteln.

Das benötige ich dafür:
Übung „Der ideale Helfer"; je nach Anforderung Übungen aus Kapitel 5.

3. DAS BUDDY-PROJEKT

3.1   3.2   3.3   3.4   3.5   **3.6**   3.7   3.8

Grundqualifikationen für alle Buddys

Kein Schüler wird über alle Kompetenzen verfügen, die in Kapitel 1 definiert wurden. Ging es bei der Auswahl der Buddys neben bereits vorhandenen sozialen Kompetenzen um die Potenziale der Schüler, so geht es bei der Qualifizierung darum, diese Potenziale aufzuwecken und abzurufen. Im Sinne eines „neuen Lernens" ist die Rolle des Lehrers die des Qualifizierers, aber auch die des Begleiters, denn das „Buddy-Sein" ist keine Technik, keine Methode, die man an der Tafel erklären kann. „Buddy-Werden" ist ein Reflexionsprozess und beinhaltet das Einnehmen einer Haltung, die sich aus mit anderen in der Interaktion und Reflexion gewachsenen Erkenntnissen speist.
Entsprechend kann die Qualifizierung nur über einen längeren Zeitraum, während der Arbeit mit den Buddys, im Sinne eines permanenten Reflektierens und Anpassens an die jeweilige Situation und an die Beteiligten erfolgen.

Die Sensibilisierung der Buddys für diesen anstehenden Prozess und für ihre Rolle darin muss jedoch im Vorfeld erfolgen. Sie orientiert sich am Thema der „helfenden Beziehung", denn für Buddys ist es bedeutsam zu erfahren, was eine helfende Beziehung ausmacht, wo die Chancen, wo aber auch Gefahren liegen.
Die Grundqualifikation setzt an den bestehenden Kompetenzen der Buddys an. Für Buddy-Projekte in den Ebenen 1, 2 und 3 (Helfen, Lernen, Anleiten) reicht sie zum Start zumeist aus. Für die Ebenen 4 und 5 braucht es zusätzliche Qualifikationen, die über Übungen zum Beraten und für die Begleitung der Mediation erworben werden können (siehe Kapitel 5).

ⓘ Lernen in einer helfenden Beziehung

Anderen zu helfen ist eines der wesentlichen Ziele sozialen Lernens. In der Regel findet der Helfer Akzeptanz und Anerkennung. Schwieriger ist es, sich helfen zu lassen oder jemanden um Hilfe zu bitten. Denn in unserer leistungsgeprägten und individualisierten Kultur gilt die Annahme von Hilfe häufig als Schwäche, als Eingeständnis, selbst mit einem Problem nicht fertig zu werden.

Die Unterstützung anderer Personen verleiht daher dem Helfer automatisch einen Statusgewinn im Vergleich zu dem, der Hilfe erhält: Dieser ist zunächst einmal in der Hierarchie weiter unten angesiedelt. Wer helfen will, muss dieses Dilemma kennen und bewusst damit umgehen können. Anders formuliert: Helfen will gelernt sein – und ist wegen der Komplexität, in der es stattfindet, ein wichtiges Lernfeld in Schule.

Der Statusunterschied bestimmt die Gefühle und Reaktionen der beteiligten Personen zu Beginn der Entwicklung einer helfenden Beziehung. Die Person, der geholfen wird, empfindet die ungleiche Situation mehr oder weniger bewusst. Sie ist naturgemäß bestrebt, die Beziehung zu ihrem Helfer ins Lot zu bringen.
Die verschiedenen Reaktionen auf beiden Seiten können in der Arbeit mit einem Mitschüler eine Rolle spielen. Es ist wichtig, die Buddys darauf vorzubereiten, mit den Gefühlsäußerungen des Mitschülers – Abwehr, Erleichterung oder Unterwerfung – respektvoll umzugehen, indem behutsam Übungssituationen geschaffen werden und eigenes Erleben gefördert wird. Ebenso bedeutsam ist es andererseits, die eigenen Reaktionen – Ausnutzen der Machtposition, übertriebenes Mitgefühl und Übernahme des Problems – mit anderen Buddys oder dem Lehrer zu reflektieren bzw. zu vermeiden.

In diesem Kontext ist es für das Buddy-Projekt empfehlenswert, das Feedback des Mitschülers nach einer sozialen Interaktion mit seinem Buddy als regelmäßigen Bestandteil des gemeinsamen Lernprozesses zu etablieren. Durch den Feedback-Prozess wird der Statusunterschied insofern nivelliert, als der Mitschüler sich als Experte für sein eigenes Lernen erfahren und definieren kann, wie er effektives Lernen versteht.

Lernen, jemandem zu helfen und die Hilfe zu reflektieren sind zweifellos hohe Anforderungen an Kinder und Jugendliche. Diese Kompetenz ist aber für sie häufig leichter zu erwerben als für viele Erwachsene. Denn wenn Kinder die Erfahrung machen, dass helfen und sich helfen lassen ganz alltäglich sind, werden sie nur selten in eine ablehnende Reaktion verfallen. Sie erfahren, dass sie in der Lage sind, eine positive, helfende Beziehung aufzubauen, eine Beziehung, die andere dabei unterstützt,

3. DAS BUDDY-PROJEKT

3.1 3.2 3.3 3.4 3.5 **3.6** 3.7 3.8

- ein Problem besser zu verstehen, es von verschiedenen Seiten zu betrachten und auch den eigenen Anteil daran zu erkennen,
- unterschiedliche Varianten für die Lösung des Problems zu entwickeln und sich für einen Lösungsweg zu entscheiden,
- diese Lösung selbst in die Tat umzusetzen und die Erfolge und Misserfolge dabei zu reflektieren.

Es ist ein Spezifikum des Buddy-Projekts, dass Hilfe nicht allumfassende Betreuung durch andere Schüler bedeutet, sondern Hilfe zur Selbsthilfe bei der Lösung konkreter Probleme. Dazu gehört bei einigen Praxisprojekten auch eine klare zeitliche Begrenzung, damit es für die Unterstützung einen Anfang und ein Ende gibt.

Mögliche Reaktionsformen des Hilfenehmers

1. Ablehnung oder Abwehr
Zweifel, ob der Buddy die Probleme auch versteht und sieht, wie schwierig die Situation ist. „Will der Buddy wirklich helfen oder sich nur wichtig machen?", „Du hast gut reden, du hast kein Problem mit der Lehrerin!" oder „Das habe ich auch schon alles probiert, es hat nichts gebracht!"

2. Erleichterung
„Ich finde es gut, mal mit jemandem über meine schwierige Situation reden zu können."
„Es tut mir gut, dass du verstehst, wie schwierig die Situation ist und wie es mir geht."

3. Unterwerfung
Abhängigkeit von dem Buddy und Suche nach Bestätigung: „Sag mir, was ich jetzt tun soll." „Könntest du nicht das für mich regeln, du kannst das sicher besser."

Mögliche Reaktionsformen des Helfers

Die möglichen Reaktionen des Hilfenehmers können wiederum Reaktionen beim Buddy auslösen:

1. Macht
Verlockung, die empfundene Macht und Autorität als Buddy zu nutzen, voreilig Weisheiten von sich zu geben und den anderen kleiner zu machen: „Ich verstehe gar nicht, wo hier ein Problem liegt." oder „Ich kenne das Problem, ich hab das ganz einfach so gelöst …"

2. Mitleid, übertriebene Parteinahme
Bestärkung des Hilfenehmers in der Frustration: „Du tust mir ja so leid." oder „Dass es so schlimm ist, hätte ich nicht gedacht!" oder „Da kannst du natürlich nichts machen, wenn der andere sich so verhält."

3. Lösungsübernahme
Bestärkung des Hilfenehmers in dem Gefühl, unfähig zu sein: „Lass mich mal reden, dann klappt das schon wieder." oder „Halt dich jetzt raus und lass mich das machen!"

3. DAS BUDDY-PROJEKT

3.1 3.2 3.3 3.4 3.5 **3.6** 3.7 3.8

M Der ideale Helfer

Die Methode „Der ideale Helfer" kann als Einstieg für die Qualifizierung von Buddys in der Klasse ebenso genutzt werden wie für die klassenübergreifende Buddy-Gruppe. Über die Übung können Vereinbarungen und Regeln für das Helfen entwickelt werden, die den Buddys ihren Einstieg erleichtern. Die Arbeitsergebnisse bieten eine Grundlage, mit der die Aufgabe des Helfens konkretisiert und im Anschluss auch reflektiert werden kann. Sie können als Bezugsrahmen genutzt werden, wenn unterschiedliche Vorstellungen und Empfindungen zu einer Hilfeleistung bei Helfer und Empfänger entstanden sind. Dies kann eine Hilfe für eine konkrete Problembearbeitung in einer Klasse sein und den Coachs von Buddy-Gruppen einen Orientierungsrahmen für die Moderation von Reflexionssitzungen der Buddys bieten.

Ziele und Themen der Übung:
Themeneinstieg und Problemaufriss, Rollenklärung und Selbstverortung, einen Standpunkt finden, die Meinungen anderer kennen lernen, Kooperation, Auseinandersetzung mit Stereotypen und Idealvorstellungen.

Zeitbedarf: 45–60 Minuten

Durchführung:
Die Schüler entwickeln in Kleingruppen (3–6 Personen) gemeinsam ein Idealbild von einem gelungenen Helferverhalten. Ausgehend von ihren eigenen Erfahrungen – sowohl aus der Perspektive des Helfenden als auch aus derjenigen, Hilfe zu erhalten – behandeln sie die Frage, was einem idealen Helferverhalten entspricht und was nötig ist, damit der ideale Helfer dieses entwickeln kann.

1. Auf einem Plakat ist ein Strichmännchen gezeichnet. An den entsprechenden Körperstellen sind Fragen notiert, die die Kleingruppen diskutieren sollen:
- Kopf: Was denkt er/sie?
- Mund: Was sagt er/sie?
- Herz: Was fühlt er/sie?
- Hände: Was tut er/sie?
- Füße: Was gibt ihm/ihr Halt, Boden, Kraft …?

Die Kleingruppen haben den Auftrag, gemeinsam ein Plakat zu ihrem idealen Helfer zu gestalten. Dabei sollen sie möglichst auf alle Fragestellungen Antworten finden. Die Plakate der einzelnen Kleingruppen werden im Plenum vorgestellt und in der Klasse aufgehängt.

2. Anschließend wird im Plenum besprochen, wie die Schüler mit dem Arbeitsauftrag zurechtgekommen sind: Was war leicht, was war schwer zu beantworten? Wie gut konnte man sich einigen? Wo gab es Kontroversen?
Danach geht es um die inhaltliche Ebene, also darum, Ideal- und Realbild abzugleichen: Wie realistisch sind die Bilder der Kleingruppen? Welches Bild haben wir von der Realität? Woher kommen unsere Bilder? Wäre wirklich jede Idee ideal? Wie hilfreich sind die entwickelten Vorstellungen? Wer wird davon profitieren? Was braucht es, damit in unserer Klasse/Schule ein gutes Buddy-Hilfssystem entwickelt werden kann?
Aus den Antworten der Schüler kann eine gemeinsame Vereinbarung über gewünschtes Helferverhalten entwickelt werden.

Auswertung: Reflektiertes Lernen im Buddy-Projekt
Im ersten Schritt werden die individuellen Erfahrungen reflektiert und in einem zweiten mit anderen geteilt. In der Gruppe werden die Einzelerlebnisse auf eine abstraktere Ebene gehoben und in konkrete, konstruktive Tipps und Handlungsempfehlungen für den „idealen Helfer" umgewandelt. Diese wiederum können zu einem Bezugsrahmen werden, bei dem das eigene Handeln in einer Helfersituation reflektiert werden kann. In Einzel-, Partner- oder Gruppenarbeit können die in der Praxis erworbenen Erfahrungen mit dem Helfen später vor dem Hintergrund der gemeinsam entwickelten Handlungsoptionen betrachtet werden. Entsprechende Leitfragen für die Reflexionsphase könnten sein: „Wir dachten, ideal sei … Nun stellt sich die Frage, haben sich unsere Ideen bewährt? Wie ist es uns bei der Umsetzung ergangen? Was war gut, hilfreich, was müsste noch ergänzt werden? Was war gut, aber ich konnte es nicht umsetzen, weil mir das und das fehlte?"

3. DAS BUDDY-PROJEKT

3.1 3.2 3.3 3.4 3.5 **3.6** 3.7 3.8

🔺 Hinweise zur Moderation

- Bei der Arbeit mit der Methode „Der ideale Helfer" können Buddys voneinander lernen und von bereits gemachten Erfahrungen profitieren. Der Lehrer als Coach sollte daher darauf achten, dass jeder sich angesprochen fühlt, eigene Erlebnisse zu reflektieren und diese entsprechend in die Entwicklung der Idealvorstellung einzubringen.

- Methodisch bietet es sich an, mit einer Phase zu beginnen, in der jeder Schüler zunächst für sich allein die Antworten reflektiert. Anschließend tauschen zwei Schüler in Partnerarbeit ihre eigenen Erfahrungen als Helfer und Empfänger einer Hilfe aus, bevor dann in der Kleingruppe das Plakat erarbeitet wird.

Dazu können sie über entsprechende Fragestellungen beispielsweise versuchen, sich jeweils an ein angenehmes und an ein unangenehmes Lern- und/oder Hilfeerlebnis zu erinnern: „Ein angenehmes Erlebnis beim Helfen hatte ich, als ich einmal …", „Ich erinnere mich an einen Moment, als jemand mir helfen wollte …"

- Es ist wichtig, die Teilnehmer dafür zu sensibilisieren, dass sie in beide Richtungen denken sollen. Nicht nur die Erfahrungen, in denen man bereits jemandem helfen konnte, sind wichtig. Entscheidend sind vor allem auch Erfahrungen, in denen man selbst Hilfe bekommen hat: „Konnte ich die Hilfe gut annehmen? Was war angenehm? Was war störend, schwierig …?" Insbesondere eine Auseinandersetzung mit unangenehmen, belastenden Situationen kann wichtige Hinweise darauf geben, worauf man achten sollte, wenn man anderen helfen will.

- Die Schüler sollten ermuntert werden, nach kritischen Punkten zu suchen. Können sie die Erinnerungen an schwierige Erlebnisse in einen konstruktiven Tipp verwandeln? „Wenn du heute an die Situation zurückdenkst, welchen Tipp würdest du dem Helfer dann geben? Was hätte man anders machen können? Welchen allgemeinen Rat kann man aus dieser Erfahrung heraus ableiten?"
Wichtig ist, dass der Coach eine konstruktive Atmosphäre aufbaut und den Schülern von Anfang an deutlich wird, dass misslungene Situationen wichtig sind und dass man gerade aus Fehlern eine Menge lernen kann. Diese Botschaft ist für das Lernen in Klassen und insbesondere in Buddy-Gruppen sehr bedeutend.

- Beim Einsatz der Methode im Klassenkontext soll deutlich werden: Es sind immer beide Richtungen denkbar und möglich. Jeder kann Helfer, aber auch Empfänger einer Hilfsleistung sein.

- Bei Buddy-Gruppen sollte der Coach ein besonderes Augenmerk auf die Erkenntnisse zur Ebene des „Bodens" („Was gibt dem idealen Helfer Kraft, Halt, Boden?") richten. Schülergruppen, die ehrenamtlich ein schulweites Angebot offerieren, brauchen Anerkennung für ihr Engagement in

71

3. DAS BUDDY-PROJEKT

3.1 3.2 3.3 3.4 3.5 **3.6** 3.7 3.8

der Schüler- und Lehrerschaft. Darüber hinaus sollten sie sich auf Unterstützung durch das Lehrerkollegium und professionelle Begleitung durch Erwachsene verlassen können. Coachs von Buddy-Gruppen können die Methode gut auch noch einmal gegen Ende der Qualifizierung nutzen, um neben der abschließenden Rollenklärung auch auf systemische Fragen zu kommen. Finden die Buddys wenige Punkte zum Thema „Boden", sollte der Coach sie darauf ansprechen und mit ihnen überlegen, woran es mangelt. Stellen die Mitglieder der Buddy-Gruppe fest, dass sie bisher keine externe Unterstützung für ihre Arbeit wahrnehmen können, kann der Coach sie darin unterstützen, eine entsprechende Info-Kampagne in der Schüler- und Lehrerschaft zu initiieren und sie gegebenenfalls auf Einzelgespräche mit Schulleitung, SV-Vertretern oder anderen potenziellen Bündnispartnern vorbereiten. Dazu bieten sich Übungen zum Perspektivwechsel an (siehe Kapitel 5).

Qualifikationsschritte im Prozess

Die weitere Qualifizierung der Buddys erfolgt durch die Begleitung des Coachs während der Arbeit, über das reflexive Lernen bzw. das so genannte Lernen zweiter Ordnung. Die Reflexionen und Interventionen durch den Coach erfolgen analog zur Phase der Gruppenentwicklung (Fragen können beispielsweise sein: Was ist uns bei der Arbeit gut gelungen? Wo hatten wir Schwierigkeiten? Was wollen wir verändern? Was brauchen wir dafür? Wie gehen wir dabei vor?).

In den jeweiligen Sitzungen werden zudem Kompetenzen deutlich, die Buddys für ihre konkrete Arbeit benötigen. Die nachfolgende Übersicht dient nicht als Trainingsplan. Sie soll nur Anregungen geben, welche Übung in welcher Phase genutzt werden könnte. Die genannten Übungen sind in der Methodensammlung beschrieben.

Phase 1: Ankommen – Auftauen – Sich orientieren
Zu den Aufgaben, die in der ersten Gruppenphase anstehen, gehören:
- Kennen lernen (Übung: Erzähl mir von dir)
- Orientierung geben (Übung: Was brauche ich, um mich wohl zu fühlen?)
- Hintergründe zum Treffen geben
- Rahmenbedingungen abklären – Struktur schaffen
- Informationen geben (Übung: Versteh mich doch endlich)
- Klärung schaffen (Übung: Das soziale Netz)
- Gruppenidentität (Übung: Wir sind Buddys)
- Sammlung von Zielen und Aufgaben
- Arbeitsthema bestimmen
- Angebote zum Kontakt und zur Beziehungsklärung untereinander (Übung: Ich-Botschaften)

Phase 2: Gärung und Klärung
Zu den Aufgaben, die hier anstehen, gehören (ansetzend an den realen Problemstellungen der Gruppe):
- Förderung der Selbststeuerung der Gruppe (Übung: Bau einer Eierauffangmaschine)
- Regeln in der Gruppe aushandeln (Übung: Was brauche ich, um mich wohl zu fühlen?)
- Verteilen von Rollen und Funktionen (Übung: Marktplatz)
- Normen für die Gruppe finden (Übung: Gruppen-Code)

Phase 3: Produktives Arbeiten und Zusammenarbeiten
Zu den Aufgaben, die hier anstehen, gehören:
- Bearbeitung der Trainingsinhalte je nach Thema des Buddy-Projekts
- Aufgabenteilung und gegenseitige Unterstützung nutzen
- Ergebnisse sichtbar machen

Phase 4: Abschied nehmen
Zu den Aufgaben gehören:
- Abschluss gestalten, Entscheidung über Weiterarbeit
- Transfer sichern, wie wird Gelerntes in der Praxis umgesetzt
- Offengebliebenes benennen

Je nach Aufgabenbereich benötigen die Buddys zudem spezifische Qualifizierungen für ihre Aufgaben, denn je nach Anwendungsfeld sind andere Kompetenzen erforderlich (siehe dazu Kapitel 5).

3. DAS BUDDY-PROJEKT

3.1   3.2   3.3   3.4   3.5   3.6   **3.7**   3.8

3.7 BUDDY-PROJEKTE UMSETZEN UND BEGLEITEN

In der Umsetzung und Begleitung von Buddy-Projekten ist der Lehrer als Coach gefordert, Konflikte in der Klasse oder Buddy-Gruppe zu thematisieren und daraus Erkenntnisprozesse abzuleiten, die
- für die jeweilige Situation eine spezifische Handlungsrelevanz aufweisen, d.h. zur Klärung und Lösung beitragen,
- über die Situation hinausweisende Lerneffekte und Erkenntnisse über das Lernen an sich sowie die zukünftige Bewältigung ähnlicher Situationen bewirken.

Ziele von Schritt 7:
Lehrern ein Instrumentarium an die Hand geben, mit dem sie Buddy-Projekte in der Klasse initiieren und begleiten können. Schülern Organisationsformen und Methoden vermitteln, um in der Klase oder in der Schule als Buddys miteinander und voneinander lernen zu können und sich gegenseitig in Helfer-Systemen zu unterstützen.

Das benötige ich dafür:
Die Buddy-Betreuung erfordert je nach Projektphase unterschiedliche Materialien.

Lern- und Handlungsfelder für Buddys

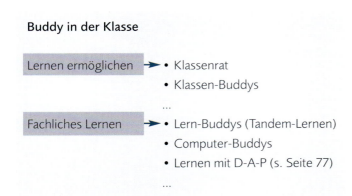

Das Handlungsfeld der Buddy-Aktivitäten in der Klasse unterscheidet sich wesentlich von dem in der klassenübergreifenden Buddy-Gruppe. Entsprechend sind andere Schritte in der Begleitung notwendig.

1. Buddy-Projekte in der Klasse

Hier wird unterschieden zwischen den zwei Feldern „Lernen ermöglichen" und „Fachliches Lernen". Für Ersteres gilt, dass die Buddys die Rahmenbedingungen in ihrer Klasse verändern wollen, z.B. das soziale Klima positiv beeinflussen. Jeder Schüler kann und sollte einmal die Buddy-Rolle einnehmen. Die Projekte sind in der Regel von kürzerer Dauer. Die Aufgaben werden von den Schülern selbst gestellt, die Buddys selbst ausgesucht, die Fortschritte in der gesamten Klasse reflektiert.

Beim fachlichen Lernen als zweitem möglichen Klassenprojekt werden Buddys im Unterricht aktiv an der Vermittlung von Lernstoff beteiligt und arbeiten beispielsweise im Rahmen von Lern-Tandems.

2. Klassenübergreifende Buddy-Gruppe

Hier liegt der Hauptfokus darauf, Mitschüler, die nicht Teil der Buddy-Gruppe sind, zu begleiten und betreuen. Dennoch

3. DAS BUDDY-PROJEKT

3.1   3.2   3.3   3.4   3.5   3.6   **3.7**   3.8

sollte der Coach darauf achten, dass auch innerhalb der Gruppe oftmals ein Parallelprozess zu den jeweiligen Projekten der Buddys abläuft: Auch hier werden Konflikte zwischen Buddys entstehen, die über die oben beschriebene Anleitung des selbstreflexiven Prozesses begleitet werden können.

Generell gilt, dass die Begleitung durch den Coach ressourcenorientiert erfolgt und an den vorhandenen Kompetenzen ansetzt:
- Wo stehen die einzelnen Schüler?
- Welche Fähigkeiten bringen die Einzelnen mit?
- Wie kann man ihre Handlungsoptionen erweitern?

- Was benötigen sie sowohl auf der inhaltlichen als auch auf der Beziehungsebene, um positive Erfahrungen machen zu können?
- Welche Ressourcen sind in der Gruppe vorhanden?

In der Arbeit mit dem Coach und in der selbstständigen Bewältigung ihrer Konflikte in der eigenen Lerngruppe werden die Buddys soziale Handlungskompetenz für die Durchführung weiterer Projekte erlangen.

Im Folgenden gehen wir detaillierter auf die Umsetzung von Buddy-Projekten in der Klasse und in einer klassenübergreifenden Gruppe ein.

3. DAS BUDDY-PROJEKT

1. Das Buddy-Projekt in der Klasse

Es wurde darauf verwiesen, dass es in einer Schulklasse zwei Felder gibt, in denen das Buddy-Projekt Lehrern und Schülern hilfreiche Anregungen und Methoden zur Verfügung stellen kann: „Lernen ermöglichen" einerseits und „Fachliches Lernen" andererseits, wo es darum geht, Lerninhalte zu erschließen, zu vertiefen und anzuwenden.

Der Ansatzpunkt für Buddy-Projekte in der Klasse besteht darin, dass
- die Projekte von Schülern entwickelt werden,
- Schüler nach Absprache mit dem Lehrer teilweise die Anleitung und Begleitung anderer Schüler übernehmen,
- der Lehrer mit einer Grundhaltung als Coach arbeitet,
- Buddys durch die systematische Reflexionsarbeit trainiert werden,
- jeder Schüler einmal Buddy sein kann.

Buddy-Projekte in der Klasse umsetzen

Buddy-Projekte im Bereich „Lernen ermöglichen"

Das Buddy-Projekt eignet sich ähnlich wie in der klassenübergreifenden Arbeit auch in der Klasse selbst zuvorderst zur Schaffung und Gestaltung bzw. Verbesserung des Klassenklimas: Wie gehen wir miteinander um? Wie lösen wir Konflikte? Wie können wir konstruktiv und produktiv miteinander arbeiten? Wie machen wir unsere gemeinsame Lern- und Lebenszeit zu einer Bereicherung für alle Beteiligten?
Einzelne Buddy-Projekte können sich unter anderem ergeben für
- die Integration von Außenseitern,
- die Behandlung von Konflikten mit Lehrern,
- die Behandlung von Konflikten zwischen Mitschülern,
- die Erledigung von Klassendiensten.

Der bevorzugte Ort für die Absprachen der Buddy-Aufgaben ist der Klassenrat, in dem neue Aufgaben besprochen und verteilt sowie übernommene Aufgaben gemeinsam reflektiert werden.

Buddy-Projekte im Bereich „Fachliches Lernen"

Fachliches Lernen wird nach wie vor in Schulen als Kern des Unterrichtsauftrags angesehen. Hier eignen sich Buddy-Projekte für Übungsphasen, zur Vertiefung, zur Erschließung und Erweiterung des Lernstoffs, insbesondere für
- die Vorbereitung auf Prüfungen und Tests,
- die Verbesserung der Lesekompetenz durch gemeinsames Textverstehen,
- die Verbesserung des Arbeitsklimas durch Übungseinheiten, die von Buddys unterstützt werden,
- das Training der Grammatik durch Lern-Buddys,
- die Problematik, dass immer dieselben Schüler nicht mitmachen, sich unsicher fühlen etc.,
- die gegenseitige Hilfe bei Hausaufgaben.

Wie ergeben sich Buddy-Projekte in der Klasse?

Buddy-Projekte in der Klasse finden sich, weil es in der Regel immer Themen gibt, die gerade aktuell sind: einzelne Schüler, die im Lerntempo nicht mitkommen, eine Gruppe von Schülern, die immer wieder stört, ein schlechtes Lernklima … Wesentlich ist es, unter allen bestehenden Themen diejenigen herauszufiltern, die in den Augen der Schüler und des Lehrers am dringlichsten sind.

Im Sinne der Schülerbeteiligung kann die Auswahl der Buddy-Projekte sehr gut im Klassenrat erfolgen. Wie ein Klassenrat funktionieren kann, finden Sie im Folgenden beschrieben. Ist kein Klassenrat etabliert, bietet es sich an, mit Hilfe des Schüler-Audits mögliche Buddy-Projekte zu ermitteln und abzustimmen.

Wichtig ist es, in jedem Fall vor einer Durchführung des Projekts die Frage an die Klasse zu richten, wozu das Projekt dienen soll und was genau das Ziel ist. Die Schüler sollten möglichst präzise beschreiben, was verändert werden soll. Die Grundhaltung des Lehrers als Coach besteht dabei darin, die Schüler immer wieder mit ihren Erfahrungen als kompetente Experten für ihre eigenen Belange einzubeziehen.

3. DAS BUDDY-PROJEKT

3.1 3.2 3.3 3.4 3.5 3.6 **3.7** 3.8

ⓜ Klassenrat

Der Klassenrat ist eine feste Einrichtung, in der aktuelle Probleme oder administrative Themen der Schüler besprochen werden und nach gemeinsamen Lösungen gesucht wird. Die Schüler vertreten ihre eigenen Interessen. Sie thematisieren ihre Belange und regeln sie eigenverantwortlich. Ein Klassenrat kann als zentrales Selbstbestimmungsorgan einer Klasse fungieren. Das Verfahren dient dem Einüben von demokratischen Entscheidungsfindungen und Verfahrensweisen und verläuft jeweils nach gemeinschaftlich ausgehandelten und festgelegten Regeln.

Im Klassenrat sind alle Teilnehmer gleichberechtigt: Der Klassenrat stärkt die Mitbestimmungsmöglichkeiten der Schüler, fördert ihre Selbstbestimmung und baut Macht auf Seiten der Lehrenden als Repräsentanten des Schulsystems ab. Die Lehrkraft hält sich genauso an die vereinbarten Regeln wie die Schüler: Sie wartet, bis sie an der Reihe ist oder meldet Themen vorher an. Sie delegiert Verantwortung und Macht an die Kinder und Jugendlichen und hat selbst eine partizipierende Beratungsfunktion inne.
Die zu behandelnden Themen werden gesammelt, indem jeder Wünsche, Kritik und Probleme in eine ständig aushängende Liste einträgt. Die Ergebnisse des Klassenrats sind verbindlich und müssen umgesetzt werden. Sie werden im nächsten Klassenrat im ersten Tagesordnungspunkt überprüft.

Themen für den Klassenrat können beispielsweise sein: Lösen von Beziehungskonflikten zwischen Schülern oder zwischen Lehrer – Schüler, Verbesserung des Unterrichtsklimas oder der Qualität der Unterrichtsgestaltung, Planung eines Projekttags, Bearbeitung aktueller schulischer Themen.

Ein Klassenrat kann bis zu vier verschiedene Ämter beinhalten: Der Vorsitzende bzw. Diskussionsleiter moderiert den Rat, der Protokollant schreibt mit und die Zeit- und Regelwächter passen auf, dass vereinbarte Zeiten und Regeln eingehalten werden. Die Ämter werden im Wechsel von allen Schülern besetzt, sei es bestimmt durch die alphabetische Reihenfolge, durch Eigenvergabe oder durch die Sitzordnung.

So funktioniert der Klassenrat:
Lernziel:
Gemeinsame Lösungen für Probleme in der Klasse oder zwischen Lehrkraft und Klasse finden, Entwicklung von sozialer und demokratischer Kompetenz bei Schülern, Gesprächsregeln lernen, Gefühle äußern, sich eine Meinung bilden und diese vertreten, Kompromisse eingehen, Gemeinschaftsbeschlüsse mittragen.

Zeit:
regelmäßig 45 Minuten pro Woche

Material und Vorbereitung:
Sitzkreis vorbereiten

Durchführung:
Grundsätzlich kann die Durchführung jeweils an den Erfahrungsstand und die Reife der Teilnehmer angepasst werden. Im Klassenrat wird möglichst mit einer positiven Runde begonnen, um eine angenehme Arbeitsatmosphäre zu schaffen. Jeder äußert positive Eindrücke über die vergangene Woche.

In der folgenden Runde wird überprüft, inwiefern die Beschlüsse der letzten Woche umgesetzt wurden. Im Anschluss daran wird anhand der Wocheneintragungen in die Klassenrat-Liste eine Reihenfolge der aktuellen Themen festgelegt.

Wenn Konflikte auf der Tagesordnung stehen, äußern sich zuerst die Beteiligten dazu und danach können andere ihre Meinung sagen. Es entwickelt sich eine Diskussion, an deren Ende immer ein Lösungsvorschlag stehen soll. Entweder muss ein tragbarer Kompromiss gefunden werden oder es wird nach feststehenden Regeln abgestimmt. Die Lösungen werden ins Protokoll aufgenommen und im nächsten Klassenrat auf ihre Umsetzung hin überprüft.

Auswertung:
Zur Überprüfung der Wirksamkeit und der Akzeptanz der Methode Klassenrat bietet es sich an, nach einigen Wochen oder Monaten Feedback der beteiligten Schüler zu der Vorgehensweise einzuholen.

3. DAS BUDDY-PROJEKT

3.1 3.2 3.3 3.4 3.5 3.6 **3.7** 3.8

Einstieg in die Arbeit mit der Klasse

Zum Einstieg eignet sich die Basisübung „Der ideale Helfer" aus Kapitel 3.6. Wichtig ist es dabei, die Schüler für den möglichen Statusunterschied zwischen Buddy und Mitschüler zu sensibilisieren. Entwickeln Sie gemeinsam Ideen dafür, dass jeder einmal Buddy oder Hilfesuchender sein kann – binden Sie also die Schüler und ihre Kompetenzen mit ein.

Ist ein Buddy-Projekt abgestimmt worden, lässt sich die Planung gemeinsam mit den Schülern nach folgendem Raster durchführen:
- Was ist das Thema?
- Wer arbeitet mit wem?
- Wann ist das Projekt beendet?
- Woran werden wir den Erfolg messen?

Umsetzung im Unterricht

Für die Umsetzung im Unterricht, insbesondere im Feld des fachlichen Lernens und der Lerninhalte, wurde in Kapitel 2 das methodische Grundprinzip „Denken • Austauschen • Präsentieren" nach Norm Green erläutert (Seite 34 f.). Die nachfolgende Anleitung beschreibt dieses Prinzip Schritt für Schritt als eine Methode, die jedes fachliche Lernen zu einem reflexiven Prozess macht. Die Beschreibung ist einer Anleitung für „Think, Pair, Share" im Internet entlehnt. Sie finden sie unter www.kooperatives-lernen.de.

Ⓜ Denken • Austauschen • Präsentieren

In dieser für das gesamte Kooperative Lernen nach Norm Green grundlegenden Vorgehensweise sind drei Schritte die Basis der Arbeit in den Gruppen.

1. **Denken:** individuelle Auseinandersetzung mit einer Aufgabe/Anforderung
2. **Austauschen:** wechselseitige Ergänzung und Kontrolle des eigenen Verständnisses im sicheren Kontakt mit dem Partner und gegebenenfalls anschließend in einer Vierergruppe
3. **Präsentieren:** Vorstellung, Bericht, Demonstration des Gelernten in der Öffentlichkeit der Klasse, vor der ganzen Lerngruppe und dem Lehrer

1. Schritt: Denken

Der einzelne Schüler erhält einen Auftrag, z. B. einen Text zu lesen, ein Bild zu deuten oder dazu zu assoziieren etc. Normalerweise sind die Aufgaben so bemessen, dass sie allen Schülern im folgenden Schritt einen sinnvollen Austausch ermöglichen. Es empfiehlt sich, in der Regel für diesen Arbeitsschritt eine knapp bemessene Zeit anzugeben, um eine angemessene Arbeitshaltung zu erzeugen.

2. Schritt: Austauschen

Die Schüler werden nun paarweise zusammengesetzt und darüber informiert, dass jeder nach dieser Phase in der Lage sein soll, den Bericht des Partners der Gesamtgruppe vorzustellen. Es ist sinnvoll, das gewünschte Verhalten der Schüler in dieser Phase klar zu modellieren.
Nun tauschen sich die Paare über ihre Arbeitsergebnisse aus. Dies geschieht meistens in einer ritualisierten Form: Zuerst wird Partner A sein Verständnis der Aufgabe und sein Arbeitsergebnis vorstellen, während Partner B Verständnisfragen stellt und sich Notizen macht, dann werden die Rollen getauscht. Auch in diesem Schritt ist die Zeit üblicherweise knapp bemessen. Hier kann sich, je nach Aufgabenstellung, auch ein Diskurs darüber anschließen, wo Gemeinsamkeiten und Unterschiede in der Auffassung bestehen. Der Coach wird während dieser Phase die Arbeit der Paare genau beobach-

3. DAS BUDDY-PROJEKT

3.1 3.2 3.3 3.4 3.5 3.6 **3.7** 3.8

ten, zwischen ihnen umhergehen, zuhören und überlegen, wen er am Ende dieser Phase bitten wird, beispielhaft über den Arbeitsprozess und die Ergebnisse Auskunft zu geben. Gegebenenfalls verbinden sich danach je zwei Paare zu einer Vierergruppe, in der dann – in knapper Form – zunächst jedes Paar die eigenen Arbeitsergebnisse vorstellt, bevor sich eine Diskussion darüber anschließt: Wo gibt es Gemeinsamkeiten, wo Unterschiede? In dieser Phase ist es von Bedeutung, den Schülern bewusst zu machen, dass eine Wertung der Ergebnisse in „richtig" und „falsch" mögliche unkonventionelle und überraschende Lösungen verhindern kann – und dass jede Lösung, auch eine vermeintlich „falsche", einen großen Nutzen haben kann. Die Erweiterung zu einer Vierergruppe kann sehr nützlich sein, wenn eine neue Gruppenbildung angestrebt wird: Hier besteht die Chance, Kontakt-Aktivität und inhaltliche Arbeit problemlos zu verknüpfen.

3. Schritt: Präsentieren

In dieser Phase präsentieren die Schüler die Ergebnisse der vorhergehenden Arbeitsphasen vor der gesamten Lerngruppe. Dies kann so erfolgen, dass nach der Partner- oder Gruppenarbeitsphase Sprecher der einzelnen Gruppen die Ergebnisse präsentieren. Möglich ist nach Verabredung auch, dass zwei oder mehr Schüler präsentieren. In allen Fällen ist es so, dass die Sprecher Arbeitsergebnisse vorstellen, die sie nicht allein zu verantworten haben. Dies erleichtert gerade auch ängstlichen Kindern den Auftritt vor der Lerngruppe. Das so bestärkte Gefühl der eigenen Sicherheit ist eine wichtige Voraussetzung für den Lernerfolg.

Generell gilt bei allen Projekten, dass am Ende jeder Arbeitsphase eine Zwischenauswertung erfolgen sollte:
- Was ist gelungen?
- Was war schwierig?
- Was können wir verändern?

Helfersystem

Der Aufbau von Helfersystemen, die solche Anwendungsformen ermöglichen, lässt sich nach dem folgenden Prinzip in der Klasse anbahnen. Regeln und Kriterien werden von den Schülern mitbestimmt.

1. Die Schüler erledigen in Einzelarbeit den Auftrag zu einer beliebigen Aufgabenstellung.
2. Sie wählen nach dem Zufallsprinzip (z. B. Kleiderfarbe) einen Partner für den Austausch und gehen in die Partnerarbeit.
3. Anschließend wechseln sie den Partner gezielt nach einem zuvor definierten Kriterium, z. B.: Der nach Notenlage in Mathematik beste Schüler arbeitet mit dem „schlechtesten" zusammen, der zweitbeste mit dem zweitschlechtesten und so fort.
4. Die Gruppen präsentieren zunächst ihre Ergebnisse und berichten dann darüber, wie ihre gemeinsame Arbeit verlaufen ist: Was lief gut, was hat nicht so gut geklappt? Mit welchem Vorgehen war das Arbeiten leichter: durch die Zusammensetzung nach der Zufallswahl oder durch die gezielte Partnerzuteilung?
5. Ein gemeinsamer Reflexionsprozess schließt sich an unter der Fragestellung: Welche Kriterien für eine Partnerwahl wollen wir gemeinsam aufstellen? Die Kriterien, auf die sich alle einigen können, werden notiert. Aber auch die Kriterien, die keine Mehrheit gefunden haben, werden festgehalten und im „Ideenspeicher" gesammelt.
6. Die Klasse überlegt gemeinsam, wie sie mit den gemeinsam gefundenen Kriterien ein Helfersystem aufbauen kann: Für welche Zwecke benötigen wir Lernhelfer? Welche Auswahlkriterien für die Zusammenstellung der Lernpartnerschaften wollen wir vereinbaren? Welche Regeln gelten für diese Partnerschaften? …

3. DAS BUDDY-PROJEKT

3.1 3.2 3.3 3.4 3.5 3.6 **3.7** 3.8

🖉 Lernpatenschaften

Das qualifizierte Helfen in der Klasse ist wesentlich davon abhängig, welche Paare bzw. Gruppen zusammenarbeiten. Die laufende Arbeit der Lernpartner kann nach der Festlegung der Kriterien für das Helfersystem als ständiger Lernprozess organisiert werden, der nach und nach in die Verantwortlichkeit der Schüler übergeben wird. Das folgende Schema kann dabei in „ritualisierter" Form diesen Lernprozess steuern:

1. Die Lern-Buddys finden sich – je nach Aufgabenstellung entweder durch die gemeinsam festgelegten Kriterien für die Auswahl von Buddys oder z. B. über die Übung „Marktplatz" (siehe Seite 108), in der „Lernangebot" und „Lernnachfrage" zu bestimmten Themen definiert werden.
2. Erarbeiten des jeweiligen Inhalts über das didaktische Prinzip Denken, Austauschen, Präsentieren.
3. Auswertung des Prozesses unter der Fragestellung: Was war für den Mitschüler hilfreich? Was haben die Buddys beim Helfen als hilfreich erlebt? Was könnte beim nächsten Mal verändert, verbessert werden? ...
4. Gemeinsame Festlegung von Verbesserungsvorschlägen und Verabredungen für das weitere gemeinsame Vorgehen.

Weitere Lernmethoden zum Buddy-Prinzip

Neben dem didaktischen Grundprinzip „Denken, Austauschen, Präsentieren" eignen sich eine Reihe von Methoden für die Umsetzung des Buddy-Prinzips in der Klasse. Die Methode „Chef für eine Aufgabe" nimmt insofern eine Sonderstellung ein, als sie das Peergroup-Modell des wechselseitigen Austauschs verwendet und die Verantwortlichkeit aller Schüler einer Klasse fördert. Die Methode ist im Kapitel 5, Seite 126 beschrieben, genauso wie die ebenfalls geeigneten Methoden „Tandem-Lernen" oder „Lernen durch Lehren".

3. DAS BUDDY-PROJEKT

3.1 3.2 3.3 3.4 3.5 3.6 **3.7** 3.8

2. Das Buddy-Projekt in der Gruppe

In der klassenübergreifenden Buddy-Gruppe, die sich für Themen und Probleme in der Schule oder einer bestimmten Stufe engagiert, ist die Arbeit des Lehrers als Coach unverzichtbar. Selbst bei erfahrenen Buddy-Gruppen ist die Begleitung durch den Coach zur Reflexion der Projekte und Betreuung der Gruppe in regelmäßigen Intervallen notwendig. Auch bei der Arbeit der Buddy-Gruppe, die in der Regel außerhalb der Unterrichtsstunden aktiv sein wird, handelt es sich um schulisches Lernen – folglich sollte die Leistung der Schüler entsprechende Wertschätzung erfahren.

Die Begleitung durch den Coach beinhaltet auch, die Diskussion über die Grenzen von Buddy-Aktivitäten anzuleiten: Wie weit können/dürfen Buddys gehen? Wo, wann und wie holen sich Buddys besser Hilfe? Wann braucht auch ein Buddy mal einen Buddy? …
Diese Diskussion, in der die Buddys selbst ihre Regeln und den Rahmen ihrer Arbeit abstecken, ist umso wichtiger, als die Buddys oftmals mit Problemen konfrontiert sind, deren Ausmaß und Folgen sie möglicherweise noch nicht richtig abschätzen können.

Buddy-Projekte in der Gruppe umsetzen

Handlungsfelder einer Buddy-Gruppe
Es ist sinnvoll, schon im Vorfeld die Aufgaben und Einsatzmöglichkeiten der Buddy-Gruppe im Schulalltag abzustecken. Die Handlungsfelder können sich aus dem Audit, also der Schülerbefragung (siehe Schritt 1) ergeben oder aus dem Kreis der Buddy-Gruppe selbst. Die Festlegung der Aufgaben und die Arbeitsweise der Gruppe sollte in jedem Fall gemeinsam mit der Buddy-Gruppe erfolgen – sie wird sich ohnehin mit den nach und nach gemachten Erfahrungen verändern und anpassen.

Planen Sie die aktuellen Aufgaben immer nach der folgenden Logik mit den Schülern:
- Was ist das Thema?
- Wer arbeitet mit wem?
- Bis wann?
- Woran werden wir den Erfolg messen?
- Wenn innerhalb der Buddy-Gruppe erste Konflikte auftauchen, die Gruppe also in die Phase der „Gärung und Klärung" eintaucht, stellt sich die Frage, wie die Gruppe miteinander arbeiten will und welche Regeln gelten sollen.

An vielen Schulen gibt es Projekte, bei denen die Schüler selbst aktiv werden. Es ist wichtig, beim Aufbau einer Buddy-Gruppe möglichst an diese Erfahrungen und damit an bekannte Handlungsmuster anzuknüpfen.
Denken Sie auch darüber nach, wie bisher an der Schule mit schwierigen Schülern und Konfliktsituationen umgegangen wurde. In welcher Weise wurde dabei die Selbsttätigkeit der Schüler gefördert? Wenn sie damit noch keine Erfahrungen haben, müssen zuerst die Voraussetzungen für das Entstehen partizipativer Prozesse geklärt werden: Wie weit darf die Selbstbestimmung der Schüler gehen? Wo und wie weit sind sie autonom? Wo liegen die Grenzen ihrer Zuständigkeit?

3. DAS BUDDY-PROJEKT

3.1 3.2 3.3 3.4 3.5 3.6 **3.7** 3.8

Mögliche Aufgaben einer Buddy-Gruppe

- Ansprechpartner für Schüler, die Probleme haben und Hilfe suchen: Die Buddys kümmern sich gezielt um Mitschüler mit Problemen: Schüler, die nicht mehr regelmäßig zur Schule kommen, die Opfer von Mobbing sind, die immer wieder aggressiv reagieren, die in Gefahr stehen, aus dem sozialen Netz herauszufallen usw. Eine solche Betreuung kann beinhalten, dass Buddys beispielsweise über die Gefahren und möglichen Folgen von Schulverweigerung aufklären und sich auch während der Freizeit um ihre Mitschüler kümmern.
- An der Schule über den Umgang mit Konflikten und Gewalt informieren: Die Buddys sind Experten im Umgang mit Problemen und Konflikten. In dieser Funktion können sie als „Tutoren" Schüler der Klassen 5 und 6 in sozial förderlichem Verhalten trainieren. Von Gewalt betroffene oder auffällig aggressive Jugendliche nehmen Tipps und Hilfen für den Umgang mit Gewalt häufig eher von Mitschülern als von Lehrern an.

Eine Buddy-Gruppe benötigt, ganz allgemein, Kompetenzen und Wissen in den folgenden Bereichen:

- allgemeine Informationen über Problemfelder von Kindern und Jugendlichen: Streit, Gewalt, Schulverweigerung usw.,
- Voraussetzungen für Problemsituationen sowie mögliche Wendepunkte,
- kommunikative Kompetenzen,
- Wissen über verschiedene Wege der Unterstützung.

Für spezielle Anwendungsfelder kann eine spezifische Qualifikation notwendig sein. Dazu werden im Kapitel 5 die Methoden Beratungsgespräch (Seite 110), Schülerfallberatung (Seite 111) und Buddy-Schlichtung (Seite 136) aufgeführt. Dabei handelt es sich um Angebote, mit denen Buddys andere Schüler unterstützen können.

Arbeit mit Buddy-Gruppen

Unterstützung ist essenziell: Als Buddys übernehmen Kinder und Jugendliche zum Teil schwierige und verantwortungsvolle Aufgaben. Dabei besteht die Gefahr, dass sie selbst in belastende Situationen kommen. Aus dem Grund brauchen Buddys zum einen auf Ebene der Schulleitung Unterstützung, um Akzeptanz an der Schule zu erfahren. Die Schulleitung, das Lehrerkollegium, der Elternbeirat und die Schülervertretung sollen über die Arbeit der Buddys informiert sein und sie unterstützen.

Zum anderen ist eine Begleitung durch einen Coach unerlässlich: Die Betreuung der Buddys erfolgt durch mindestens eine Person, die ihr Vertrauen genießt und dafür regelmäßig ein bestimmtes Stundenkontingent aufbringen kann. Diese erwachsene Person muss darauf achten, dass die Buddys eine ihren Kompetenzen und Fähigkeiten entsprechende entwicklungsangemessene Aufgabe übernehmen. Nur dann kann sichergestellt werden, dass keine Überforderung stattfindet, die unbedingt vermieden werden muss.
In der Begleitung der Buddy-Gruppe gelten für den Coach die in Kapitel 2 beschriebene Haltung und Rolle, die in der kontinuierlichen Reflexion der Aktivitäten die Qualitäten der Buddys entwickelt.

3. DAS BUDDY-PROJEKT

3.1 3.2 3.3 3.4 3.5 3.6 3.7 3.8

Generell gilt auch hier, dass die Auswertung nach dem folgenden Schema erfolgen sollte:
- Was ist gelungen?
- Was war schwierig?
- Was können wir verändern?

Buddy-Regeln
Für die Zusammenarbeit in der Buddy-Gruppe sollten klare, überschaubare Regeln und Umgangsformen innerhalb und mit der Gruppe erarbeitet werden. Die Planung der einzelnen Aktivitäten und die Entwicklung neuer Herangehensweisen ist ein wichtiges Lernfeld für Buddys. Legen Sie gemeinsam mit den Schülern die Gruppenregeln fest und definieren Sie die mit einem Verstoß verbundenen Konsequenzen (und deren Einhaltung).

Bekanntmachung
Zu Beginn der Arbeit der Buddy-Gruppe müssen die Buddys erst einmal als Experten für Problemfelder bei allen Schülern bekannt gemacht werden. Das kann in Form einer kleinen Wandzeitung mit einer kurzen Beschreibung der Aufgaben und den Fotos der Buddys am schwarzen Brett, auf der Homepage, durch Information in den Unterrichtsstunden der verschiedenen Klassen oder den persönlichen Besuch einzelner Klassen geschehen.

Strukturen etablieren
Feste Sprechstunden sollen eingerichtet werden, zu denen sich Buddys als Ansprechpartner für Probleme im Beratungsraum aufhalten. Die Sprechzeiten und andere Ansprechmöglichkeiten müssen publik gemacht werden. Innerhalb der Gruppe ist zu klären, wer die erforderlichen „Dienstpläne" erstellt. Zusätzlich sollte in der Schule ein Buddy-Briefkasten für Fragen und Kritik aufgehängt werden.

Zuständigkeiten klären
Besprechen Sie mit den einzelnen Buddys genau, welche Aufgaben sie übernehmen sollen und können. Jugendliche können durchaus verantwortungsvolle Arbeiten erfüllen, aber sie dürfen nicht überfordert werden. Vermeiden Sie, dass die Buddys selbst in kritische Situationen kommen, indem Sie gemeinsam die Grenzen ihres Engagements festlegen. Klären Sie im Vorfeld, welche Aufgaben von Buddys betreut werden können und welche von Vertrauenslehrer, Schulsozialarbeiter oder anderen Erwachsenen übernommen werden müssen. Stellen Sie im Vorfeld auch klar, welche Themen vertraulich behandelt werden sollten und was mit dem Beratungslehrer besprochen werden kann.

Realistische Erwartungen
Vorsichtiger Optimismus – so könnte man die optimale Grundhaltung eines guten Buddys beschreiben. Dämpfen Sie zu hochfliegende Erwartungen und erklären Sie Ihren Buddys, dass lang antrainiertes und erlerntes Verhalten meist nicht in kurzer Zeit abgelegt werden kann, dass auch kleine Erfolge viel bedeuten und dass Geduld und ein klarer Blick mehr bewirken als Euphorie. Ein Buddy muss auch Frust aushalten können.

Reflexion
Die Tätigkeit als Buddy kann emotional sehr beanspruchend sein. Es ist daher von elementarer Bedeutung, dass eine Reflexion und Auswertung der einzelnen Aktivitäten in regelmäßigen Abständen erfolgt. Planen Sie reguläre Treffen der Gruppe, möglichst in einem eigenen Raum an der Schule, den die Buddys nach ihren eigenen Vorstellungen gestalten. Agieren Sie bei diesen Treffen als Coach. Ermutigen Sie die Buddys, ihren Emotionen und Empfindungen in diesem Rahmen freien Lauf zu lassen und auch Frustrationen zu äußern.

Gruppenzusammenhalt stärken
Suchen Sie nach Möglichkeiten, um auch außerhalb der Buddy-Aktivitäten den Zusammenhalt der Gruppe und die Kooperation zu stärken. Das kann mittels gemeinsamer Feste, Ausflüge oder Wochenendseminaren erfolgen.

Fortbildung ermöglichen
Organisieren Sie – für den Zusammenhalt, aber auch als eine Art Fortbildung – gemeinsame Gespräche mit Experten von Jugendamt, Erziehungsberatungsstellen oder der Polizei. Die Buddys sollen sich vorher auf das Gespräch vorbereiten und Fragen stellen dürfen. Ein besonderer Anreiz kann darin bestehen, Prominente für eine Unterstützung der Buddy-Gruppe und eventuell sogar für einen Besuch der Schule zu gewinnen.

3. DAS BUDDY-PROJEKT

3.1 3.2 3.3 3.4 3.5 3.6 **3.7** 3.8

Belohnung

Buddys brauchen Belohnung für ihre solidarische Tätigkeit. Schön ist es, wenn ihr Engagement mit einer Erwähnung im Rahmen einer Schulfeier, einer Urkunde oder einem Vermerk auf dem Zeugnis gewürdigt wird. Als Anerkennung empfinden es die Buddys auch, in bestimmten Abständen vor der Lehrerkonferenz, den Schülervertretern und den Elternbeiräten über ihre Arbeit zu berichten.

In Notfällen

Verabreden Sie mit den Buddys, die einen bestimmten Mitschüler betreuen, dass sie sich bei auftauchenden Problemen möglichst früh an Sie wenden. Es empfiehlt sich, den Buddys eine „Notrufnummer" zu geben, unter der sie auch außerhalb der Schulzeiten eine Ansprechmöglichkeit haben.

3. DAS BUDDY-PROJEKT

3.1 3.2 3.3 3.4 3.5 3.6 3.7 **3.8**

3.8 PROJEKTABSCHLUSS UND IMPLEMENTIERUNG

Zum Abschluss des Buddy-Projekts sollten die Ausführung und Umsetzung der geplanten Maßnahmen rückblickend (kritisch) reflektiert und überprüft werden. Durch die Projektdokumentation lässt sich der Projektverlauf jederzeit nachvollziehen und mittels der Projektevaluation werden die Qualität und Praktikabilität der Maßnahmen durch die Teilnehmer des Projekts beurteilt. Sowohl Erfolge als auch Fehlentwicklungen und unerwünschte Nebeneffekte können damit sichtbar gemacht und verändert werden.

Ziele von Schritt 8:
Der Projektabschluss gibt Gelegenheit, das Projekt in strukturierter Form zu reflektieren und dem Kollegium und der Schülerschaft Ergebnisse zu präsentieren. In dieser Phase wird auch darüber entschieden, ob das Projekt eine einmalige „Aktion" gewesen ist oder ob es als „feste Größe", als regelmäßige Einrichtung in das Schulprogramm übernommen werden soll. Diese Entscheidung wird davon abhängen, ob das Projekt die mit ihm verbundenen Erwartungen und Ziele erfüllen konnte.

Das benötige ich dafür:
Je nach Vorgehensweise z. B. Formblatt Projektdokumentation oder Planungsraster Selbstevaluation (beides im Anhang).

Projektdokumentation

Eine Projektdokumentation beinhaltet die Darstellung des tatsächlichen Projektverlaufs. Angefangen bei den Projektzielen folgen ein Abriss des Projektverlaufs sowie die Schilderung eventueller Hindernisse oder Störungen. Daneben bietet sie auch die Möglichkeit, die geleistete Arbeit gemeinsam mit den Schülern zu präsentieren und Ergebnisse und Erfolge aufzuzeigen. Das kann auf die unterschiedlichste Art und Weise geschehen. Geeignete Darstellungsformen sind beispielsweise

- Formblatt Projektdokumentation (siehe Anhang),
- Videoaufzeichnungen,
- Ausstellungen,
- gespielte Szenen oder Aufführungen,
- Folienpräsentation,
- Internetauftritt.

Projektevaluation

Projektevaluation, das heißt Erfassen und Bewerten von Prozessen und Ergebnissen mit dem Ziel der Wirkungskontrolle, der Steuerung und der Reflexion von Projektarbeit. Es handelt sich um eine Erfahrungssammlung mit Hinweisen, die Aspekte und Schwierigkeiten des Projekts aufzeigen. Dabei wird der Ist-Stand mit dem Soll-Stand verglichen.

Die Auswertung der Buddy-Projekte im Sinne einer Selbstevaluation ist unabdingbar für die Überprüfung der gesetzten Ziele sowie für die Weiterentwicklung zukünftiger Projekte. Konstituierende Merkmale einer Projektevaluation sind die Projektauswertung und die Reflexion des Gesamtverlaufs. Die übergeordnete Zielsetzung der Projektevaluation ist es, die Qualität der Arbeit zu bewerten. Aus der abschließenden Bewertung lassen sich Schlussfolgerungen hinsichtlich der weiteren Arbeit ziehen, etwa die Modifizierung einzelner Aufgaben – ganz nach dem Prinzip, aus Erfahrungen zu lernen. Diese Devise bezieht sich auf alle Mitglieder der Buddy-Gruppe; sie gilt für die Kinder und Jugendlichen gleichermaßen wie für die projektbegleitenden pädagogischen Fachkräfte.

3. DAS BUDDY-PROJEKT

3.1 3.2 3.3 3.4 3.5 3.6 3.7 **3.8**

Die wesentlichen Fragen einer Projektevaluation lauten:
- Haben wir unsere Ziele mit dem Projekt erreicht?
- Was ist gut gelaufen?
- Wo gab es Schwierigkeiten?
- Was lernen wir für zukünftige Projekte?

1. Am Anfang einer Evaluation steht die Entscheidung darüber, welcher Bereich der Arbeit und welches Ziel genauer untersucht werden sollen. Hat man beispielsweise ein Buddy-Projekt im Rahmen von Streitigkeiten auf dem Pausenhof initiiert, möchte man sicherlich wissen, ob sich durch den Einsatz der Buddys eine Veränderung auf dem Pausenhof ergab. Die Projektziele, die am Anfang für das Buddy-Projekt festgelegt wurden, werden jetzt zur Überprüfung herangezogen.

2. Als Nächstes geht es darum, Auswertungsmaßstäbe festzulegen, so genannte Indikatoren, die Veränderungen offensichtlich machen. Ein sichtbarer Indikator ist etwa die Zahl von Unfällen oder gewalttätigen Vorfällen auf dem Pausenhof (siehe definierte Ziele nach SMART, Kapitel 3.4).

3. Anschließend muss eine bestimmte Auswertungsmethode gewählt werden. Es gibt verschiedene methodische Zugänge wie etwa die Methode der Befragung, zu der neben Fragebögen auch Interviews, Gruppendiskussionen und Kartenabfragen gehören. Möglich sind auch die Methode der Beobachtung von sichtbaren Verhaltensweisen oder eine Dokumentenanalyse, bei der sich aus Daten, die der Schule bereits vorliegen (z. B. Arbeitsergebnisse, Schulnoten, Unfallstatistik), Rückschlüsse auf die eigene Fragestellung ziehen lassen.

4. Nach dem Einsatz der jeweiligen Methode werden die erhobenen Daten ausgewertet und die Ergebnisse interpretiert. Was sagen die Informationen aus in Hinblick auf die vorherrschenden Fragestellungen?

5. Abschließend wird nach der Diskussion über die Bedeutung der Ergebnisse überlegt, an welchen Stellen das Projekt gut gelaufen ist, welche Elemente bei möglichen weiteren Projekten beibehalten werden könnten und was anders gemacht werden sollte. Zu diesem Zeitpunkt wird sich auch entscheiden, ob das Projekt in Zukunft weiter durchgeführt oder verworfen werden soll oder ob man lediglich diese oder jene Vorgehensweise ändern will.

Implementierung des Projekts

Am Ende jedes Projekts steht die Frage, ob das anvisierte Ziel mit den durchgeführten Maßnahmen erreicht wurde. Sind die Ziele umgesetzt worden und die Beteiligten sowie die Entscheidungsträger zufrieden, dann kann das Projekt vom Projektstatus in einen festen Bestandteil der Schule implementiert werden. Die Evaluation zeigt die Wirksamkeit des Projekts. Bringt die systematische Befragung der Akteure ein positives Ergebnis hervor, d.h. auf das Buddy-Projekt bezogen etwa eine Zunahme von Verantwortungsübernahme, ein verbessertes soziales Klima oder einen Kompetenzgewinn, dann spricht alles dafür, die Projektinhalte als gängige Mittel und Vorgehensweisen im Schulprogramm festzuschreiben. Mit der Festschreibung ist dann auch der Projektstatus überwunden, der immer ein Ausprobieren mit Anfang und Ende beinhaltet. Durch die feste Verankerung ins Schulprogramm wird aus dem „Buddy-Projekt" das „Buddy-Prinzip" in solider institutioneller Form.

3. DAS BUDDY-PROJEKT

3.1 3.2 3.3 3.4 3.5 3.6 3.7 **3.8**

Exkurs: Das Buddy-Projekt in der Schulgemeinschaft (Praxisbericht)

Keine graue Theorie: Die folgenden Ausführungen stammen von Colette Simon, einer erfahrenen Lehrerin an der Gutenbergschule im rheinland-pfälzischen Göllheim. Sie gibt Tipps zur praktischen Umsetzung des Buddy-Projekts, das an ihrer Schule im Jahr 2003 Einzug gehalten hat ...

>> Wem kommt das nicht bekannt vor: Ein neuartiges, viel versprechendes Projekt soll an der Schule aufgebaut werden. Einige hoch motivierte Kolleginnen und Kollegen geben sich große Mühe und nehmen viel Mehrarbeit in Kauf, um die innovative Idee umzusetzen. Sie besuchen Fortbildungen, lesen die zugehörige Fachliteratur, treffen sich bei zahlreichen Vorbereitungstreffen mit „Gleichgesinnten" und vieles mehr. Und dennoch: Trotz des hohen Arbeitsaufwands ist nach fünf Jahren von dem Projekt nicht mehr viel übrig.

Ein typisches Beispiel hierfür ist die Einrichtung von Streitschlichtergruppen, die in allen Bundesländern in den letzten Jahren Thema war. Zahlreiche Schüler, Lehrer, Sozialarbeiter haben über die Jahre eine entsprechende Ausbildung absolviert, haben trainiert und sich viel Mühe gegeben. Dennoch bleiben vielerorts die Erfolge aus. Die Schüler nehmen das Angebot einfach nicht wahr, kommen nicht zur Schlichtung. Die gute Idee hat sich in den Köpfen der Schüler, Lehrer, Eltern, Schulleitung und anderer Beteiligter nicht festgesetzt.

Das muss nicht so sein: Die folgenden Ausführungen sollen Anregungen für die Implementierung des Buddy-Projekts in Ihre Schulgemeinschaft geben.

Die Vorbereitungsphase

Transparenz erleichtert die Arbeit: Die gesamte Schulgemeinschaft kann in die Vorbereitung des Buddy-Projekts miteinbezogen werden. Frühe Information der Gremien und die Bitte um Austausch helfen, das Projekt frühzeitig zur Sache aller zu machen.

3. DAS BUDDY-PROJEKT

Wenn einige Kolleginnen und Kollegen sich zum Ziel gesetzt haben, das Buddy-Projekt an ihrer Schule einzuführen, ist der erste Schritt immer der zur Schulleitung. Vielleicht hat diese ja das Projekt selbst eingeführt: umso besser. Projektgruppe und Schulleitung sollten von Anfang an in stetem Austausch über die Entwicklung des Vorhabens stehen. Ohne die Unterstützung der Schulleitung wird sich kein nachhaltiger Erfolg einstellen. Und auf die Schulleitung kommt einige zusätzliche Arbeit zu: Vertretung des Projekts nach außen und innen, Vertretungspläne erstellen, Umgestaltung der Stundenpläne und Ähnliches. Optimal ist es, wenn ein Mitglied der Schulleitung selbst zu den „Pionieren" gehört …

Das Kollegium sollte ebenso früh mit einbezogen werden: Die Gesamtkonferenz bietet den Rahmen für eine Vorstellung des Buddy-Projekts und seiner Protagonisten. Es ist sinnvoll, mit der neuen Idee auch ihre negativen Seiten darzulegen. Transparenz von Anbeginn erhöht die Akzeptanz im Kollegium. Objektiv gesehen werden auf das Kollegium einige Belastungen zukommen:

- Vertretungsstunden fallen an, wenn einzelne Kollegen sich fortbilden oder während der Schulzeit mit Schülergruppen arbeiten.
- Einzelne Schüler werden zeitweilig im Unterricht fehlen.
- Möglicherweise wird aufgrund von Projekttagen auch einmal der Fachunterricht ausfallen.

Information der Elterngremien und die Bitte um Stellungnahme und Anregungen haben sich als überaus fruchtbar erwiesen. Erfahrungsgemäß zeigen sich die Eltern dem Buddy-Projekt gegenüber sehr aufgeschlossen. Ihnen leuchtet schnell ein, dass auch ihr Kind von einem besseren Klassen- oder Schulklima profitieren wird.
Ängste um vielleicht versäumten Unterrichtsstoff lassen sich leicht nehmen: In einer konfliktärmeren Atmosphäre lernt es sich erwiesenermaßen besser.

Schulträger und Fördervereine wissen auch gerne vom Geschehen an ihrer Schule. Sie ebenfalls einzubinden kostet wenig Mühe, wird sich aber später als hilfreich erweisen.

Das Buddy-Projekt läuft

Die Schülerseite

Die Suche nach Schüler-Buddys ist meistens einfach: In jeder Klasse finden sich Schüler, die gerne helfen. Es entspricht dem Buddy-Gedanken, Anregungen der Schüler wertschätzend aufzunehmen und diese mit ihnen weiterzuentwickeln. So ist gewährleistet, dass sich die Kinder für ihre Belange stark machen und nicht erstrangig für die Vorgaben der Erwachsenen. Entsprechend fühlen sie sich aufgewertet und sind zur Mitarbeit motiviert. Die Schüler spüren, dass ihr Schulalltag angenehmer wird, aber vor allem, dass sie ernst genommen werden. Ihre Kompetenzen im Umgang mit Konflikten jeder Art werden anerkannt, das lässt sie „wachsen".

Wenn Schüler die Erfahrung machen, dass ihnen von Mitschülern geholfen wird, dass aber auch sie anderen Schülern bei vielen Gelegenheiten beistehen können, dann wird Helfen zum Alltag. Solche Schüler geben aufeinander Acht – die Auswirkungen auf das Schulklima sind enorm.

Häufig gibt es in den Klassen schon Helfersysteme, die bewahrt und ausgebaut werden können. Erhalten die Kinder und Jugendliche eine „Fortbildung" in den Grundlagen der Mediation, der Kommunikation und der Kooperation – dies alles kann Buddy bieten –, wird ihre Arbeit noch fruchtbarer und befriedigender sein.
Die Einsatzmöglichkeiten für Buddys sind sehr unterschiedliche: Lern-Buddys, Streitschlichter, Nachhilfe-Buddys, Patenschaften, persönliche Helfer beispielsweise für Schulschwänzer und vieles mehr.

Als sinnvoll hat sich erwiesen, den Buddys innerhalb der Unterrichtszeit die Möglichkeit einzuräumen, sich den Schülern oder Klassen, mit denen sie arbeiten wollen, vorzustellen.
Auf diese Weise werden die Buddys bekannt. Darüber hinaus haben sie die Möglichkeit, ihr Hilfsangebot darzustellen. Bei den Streitschlichtergruppen haben sich häufig Rollenspiele in Form von Muster-Schlichtungen vor den Klassen bewährt.

3. DAS BUDDY-PROJEKT

3.1 3.2 3.3 3.4 3.5 3.6 3.7 **3.8**

In der Folge scheinen regelmäßige Treffen etwa der Lern-Buddys mit ihren Klassen und den zugehörigen Fachlehrern hilfreich. Evaluierende Gespräche erhöhen die Qualität der Arbeit und garantieren, dass das Projekt nicht im Sande verläuft. Ob solche Treffs wöchentlich, monatlich oder in einem anderen Rhythmus stattfinden, hängt vom jeweiligen Projekt und den damit verbundenen Notwendigkeiten ab.

Eine Ausbildung zum Buddy fördert die Kompetenzen der Schüler und hebt ihre Stellung in der Schulgemeinschaft. Sie werden sowohl für Schüler als auch für Lehrerkräfte und manchmal sogar für Eltern Ansprechpartner in Konfliktfällen.

Zweckmäßig ist ein eigener Raum, den die Buddys für ihre „Dienste" nutzen und selbst verwalten können. Hier können Schlichtungen, Gruppensitzungen der Buddys oder Treffen mit den coachenden Lehrkräften stattfinden.
Darüber hinaus finden die Helfer hier leichter Austausch im Sinne einer „kollegialen Supervision". Dem Coach wird eher ersichtlich, wo einzelne Schüler vielleicht geschützt werden müssen oder wo ihre Ausbildung weitergeführt werden sollte. Außerdem kann man sich bei solchen zwanglosen Treffs in angenehmer Atmosphäre über die Erfolge freuen, um daraus Kraft zu schöpfen, weiterzumachen oder neue Aufgaben wie etwa eine Buddy-AG anzugehen.
Ein Buddy-Fest für die Engagierten oder eine Anmerkung im Zeugnis oder in einem Beiblatt bedeutet Anerkennung für die Beteiligten und dokumentiert die Wertschätzung durch die Schule.

Die Schulleitung

Alle Aktivitäten der Buddy-Gruppen und insbesondere ihre Erfolge sollten der Schulleitung mitgeteilt werden. Sie ist der erste Ansprechpartner nach außen und sollte nicht zuletzt auch deswegen immer genauestens unterrichtet sein. Können die Schüler in Konferenzen – wenn möglich regelmäßig – den jeweiligen Stand ihrer Arbeit vorstellen, dann erhalten sie damit auch dort eine Stimme, wo es zu guter Letzt um das Schulprogramm geht.
Es hat sich bewährt, die Schulleitung wenigstens einmal pro Schulhalbjahr zu den Treffen der Buddy-Gruppen einzuladen, damit sie von den Buddys erfahren können, was diese bereits erreicht und gelernt haben, wo noch Konflikte zu bearbeiten sind und welche weiteren Maßnahmen geplant sind. Das gilt auch für Buddy-Klassenprogramme, bei denen die Klassenräte die Leitung einladen können.

Die Buddy-Lehrer

Regelmäßige Treffen der Buddy-Lehrerkräfte helfen, die notwendigen Absprachen zu treffen, dienen aber auch der kollegialen Unterstützung, die die Qualität des Projekts sichert. Schwierigkeiten können gemeinsam leichter überwunden werden. Auch hier sollte die gemeinsame Freude über erreichte Ziele nicht vergessen werden. Dem Kollegium sollten diese Treffen bekannt und interessierte Kollegen sollten stets eingeladen und willkommen sein.
Regionale Buddy-Treffen auf Landesebene und die Berufung von Prozessmoderatoren können die Arbeit begleiten.
Auch noch so hoch motivierte „Leute der ersten Stunde" müssen nach einigen Monaten eine deutliche Entlastung im Schulalltag verspüren. Andernfalls wäre der Mehraufwand nicht gerechtfertigt, den jedes neue Projekt an der Schule zu Anfang benötigt.
Diese Entlastung wird sich vor allem darin zeigen, dass die als Coach fungierenden Kollegen sich aus dem direkten Geschehen zurückziehen können, was viele Stresssituationen gar nicht erst entstehen lässt. Zuschauen, wie die Schüler anfallende Konflikte untereinander regeln und lediglich den Rahmen dafür herzustellen und bei Rat beiseite zu stehen, strengt bei Weitem nicht so an, wie selbst nach Lösungen zu suchen.

3. DAS BUDDY-PROJEKT

3.1 3.2 3.3 3.4 3.5 3.6 3.7 **3.8**

Kompetenzen, die die Schüler durch das Buddy-Projekt erwerben, werden sie auch in ihrem Schulalltag anwenden. So werden die Gruppen immer selbstständiger und die Lehrkraft kann sich zunehmend auf ihre Beraterrolle beschränken – mit der Sicherheit, dass die auszutragenden Konflikte in guten Händen sind. Das mag in den ersten Monaten nicht zu einer zeitlichen Entlastung führen, aber ganz sicher zu einer psychischen. Hinzu kommt, dass sich das Klassen- oder Schulklima positiv verändern werden. Die Schüler helfen sich eher gegenseitig. Probleme werden bearbeitet und nicht verdrängt. So werden heftigere Ausbrüche unter Umständen verhindert.

Weiterhin geht mit Buddy eine deutliche Zunahme an gegenseitiger Anerkennung einher. Der Umgang miteinander wird freundlicher, was auch vielleicht den einen oder anderen skeptischen Kollegen überzeugt.

Das Kollegium

Neben vielen sich erst mit der Zeit einstellenden Vorteilen ist das Buddy-Projekt mit objektiven Nachteilen für das Kollegium verbunden. Denn am Projekt beteiligte Lehrer und Schüler fallen zeitweise für den normalen Unterricht aus. Einige Kollegen haben vergangene „Neuerungen" und „Projekte" als nicht fruchtbar empfunden und sehen auch Buddy nur als vorübergehende „Modeerscheinung". Manche Kollegen fühlen sich durch die normale Arbeit an der Schule schon belastet genug und haben keine Kapazitäten für ein weiteres Engagement frei – zumal zu Beginn niemand mit Gewissheit sagen kann, ob sich die Mühe lohnen wird.
Für andere Kollegen bedeutet es einen immensen Sicherheitsverlust, die Kontrolle abzugeben. Kompetenzen an Schüler zu übertragen fällt ihnen schwer und erscheint ihnen wenig sinnvoll.

3. DAS BUDDY-PROJEKT

3.1 3.2 3.3 3.4 3.5 3.6 3.7 **3.8**

Möchte man die Skeptiker für die Sache gewinnen, ist Transparenz in allen Aktionen und Vorhaben unabdingbar:
- Ein fest installiertes schwarzes Brett in der Nähe des Lehrerzimmers informiert über das Projekt.
- Berichten Sie über den Stand der Dinge bei allen anstehenden Dienstbesprechungen und Konferenzen (Vorhaben, Erfolge).
- Sprechen Sie Einladungen an Kollegen zu den Gruppentreffen aus, wo und wann immer es sich ergibt.

Am überzeugendsten werden die positiven Änderungen im Schulklima sein. Wenn nicht nur die Buddy-Lehrerkräfte selbst, sondern auch die Kollegen spüren, dass sie durch die Arbeit der Buddys entlastet werden, dass viele Stresssituationen von Anfang an vermieden werden können, wird der Transfer in die Schulgemeinschaft einfacher.

Sicherlich gibt es auch einen kleinen Teil im Kollegium, der Verbesserungen nicht sehen wird, vielleicht sogar nicht sehen will, und das Projekt ständig kritisch hinterfragt. Betrachten Sie das als Herausforderung, die positiven Seiten noch besser herauszustellen. Hier helfen nur Geduld und regelmäßige Hinweise auf Erfolge des Projekts. Buddy muss Gesprächsthema an der Schule bleiben.

Eltern wie Schüler sind erfahrungsgemäß ohne große Mühe für Buddy zu gewinnen. Sie mit einzubeziehen erhöht die Akzeptanz des Projekts und seine Wirksamkeit. An manchen Schulen gibt es sogar Buddy-Angebote an Eltern, wie etwa Einführungsunterricht für die Arbeit am PC. Oft sprechen Eltern die Klassenlehrer ihrer Kinder auch auf das Projekt an. Das bringt dann den einen oder anderen Kollegen dazu, seine Meinung zu Buddy zu überdenken.

Dokumentation

Für die Schule insgesamt und auch für die Buddy-Gruppe lohnt es sich, die Arbeit von Anbeginn an in Schrift und Bild zu dokumentieren. Das können Anschläge am schwarzen Brett, Presseartikel oder Teilnahmen an Wettbewerben sein. Nach ein bis zwei Jahren kann so auf einen Fundus von überzeugendem Informationsmaterial zurückgegriffen werden. Darauf zu blicken motiviert alle Beteiligten und hilft, weder den Werdegang des Projekts noch die ihn begleitenden kleinen und großen Erfolge zu vergessen.

3. DAS BUDDY-PROJEKT

Abschlussbemerkung

Selbstverständlich sind nicht alle Beteiligten am Schulleben für das Buddy-Projekt zu gewinnen. Sämtliche Kollegen dafür zu erwärmen wäre eine unrealistische Erwartung. Mit der Zeit werden sich aber immer mehr Kollegen über die Buddys informieren, die eine oder andere Hilfeleistung von ihnen annehmen oder gar aktiv einsteigen. Andere hingegen werden sich dauerhaft sperren. Auch das gehört zum Arbeiten und Leben in der Gemeinschaft dazu und sollte niemanden verdrießen.

Alle Schüler bringen unterschiedlichste Erfahrungen mit. Die wenigsten von ihnen bleiben für das Buddy-Projekt dauerhaft unerreichbar. Wen Buddy vortrefflich erreicht, sind die vielen, häufig schweigenden, durchaus konfliktfähigen Schüler, denen am Klima in ihrer Schule und ihrem sonstigen Leben gelegen ist. Der großen Mehrheit gibt das Buddy-Projekt das Handwerkszeug mit, aktiv in die Gestaltung ihrer Umwelt einzugreifen. Diese Erfahrung ist wohl eine der wichtigsten, die wir ihnen an einer Schule mitgeben können. «

4.

Zugangs-wege

4. ZUGANGSWEGE ZUM BUDDY-PROJEKT

Der Zugang zum Buddy-Projekt hat sich in den vergangenen Jahren gewandelt: Aus einem Präventionsprojekt zum Thema Straßenkinder heraus (Idee: Off Road Kids e.V.) wurde 1999 die Grundidee zum Buddy-Projekt auf Basis der Peergroup-Education entwickelt und in Materialien-Ordnern verbreitet. Daraus entstanden die ersten Buddy-Praxisprojekte. Allerdings zeigte sich bald die Notwendigkeit, in der Schulpraxis nicht allein mit den Publikationen zu arbeiten, sondern zusätzlich Buddy-Trainer auszubilden. Die – mittlerweile etwa 35 – Buddy-Trainer, die alle einen mediatorischen bzw. supervisorischen Hintergrund haben, begannen im Jahr 2002, Lehrkräfte für die Einführung des Buddy-Programms an Schulen zu trainieren. Die Trainings mit interessierten Lehrern, Schulsozialarbeitern oder Fachkräften der Jugendhilfe fanden zumeist in Kooperation mit den Landesinstituten für Lehrerfortbildung statt.

In dieser Phase entstanden viele eindrucksvolle Buddy-Praxisprojekte, die zum Teil bis heute erfolgreich arbeiten. An einer Reihe von Schulen existierten die im Training entwickelten Buddy-Projekte jedoch nur für kurze Zeit oder sie kamen über eine Anfangsphase nicht hinaus. Eine Analyse der für den Erfolg oder Misserfolg der Projekte maßgeblichen Faktoren ergab, dass insbesondere ein günstiges Umfeld für die Implementierung des Projekts, wie etwa ein inner- oder außerschulisches Unterstützernetzwerk und der Rückhalt in der Schule, erfolgsrelevant ist. Es wurde deutlich, dass ein Buddy-Projekt dort erfolgreich ist, wo es auf großes Engagement mehrerer überzeugter Lehrkräfte trifft und in der Schule tatsächlich akzeptiert und nicht bloß geduldet ist. Einige gute Praxisprojekte mussten trotz großen Schülerzuspruchs eingestellt werden, weil die engagierten Lehrkräfte die Schule wechselten oder das Vorhaben mangels kollegialer Unterstützung aufgaben.

Die Erkenntnisse der frühen Phase der Entwicklung von Praxisprojekten führten dazu, dass der buddY E.V. heute ein großes Augenmerk darauf legt, möglichst erfolgversprechende Rahmenbedingungen für teilnehmende Pädagogen und Schulen zu schaffen. So entstand die Strategie, Schulen das Buddy-Projekt in partizipativ aufgebauten Landes- und Regionalprogrammen anzubieten, wo sie die besten Bedingungen zur Einführung des Programms zum sozialen Lernen finden.

4. ZUGANGSWEGE ZUM BUDDY-PROJEKT

Denjenigen Schulen, die sich nicht an den Buddy-Landes- und Regionalprogrammen beteiligen können, sei es aufgrund ihrer regionalen Lage oder anderer Faktoren, bietet der buddY E.V. Einzeltrainings an. Die Möglichkeiten und Bedingungen für die Teilnahme an den Landes- und Regionalprogrammen oder an einem Einzeltraining werden im Folgenden beschrieben.

Sicherlich gibt es Leser, die mit diesem Buch als Vorlage eigenständig ein Buddy-Praxisprojekt in Schulen oder Einrichtungen der Jugendhilfe aufbauen möchten. Allerdings empfiehlt sich der Besuch eines Trainings. Die Trainingsteilnehmer profitieren von der Erfahrung der Buddy-Trainer sowie einer individuellen Beratung und bilden gemeinsam eine „Peergroup" mit einer Fülle von Kompetenzen. Entsprechend dem Buddy-Prinzip arbeiten die Teilnehmer in Gruppen zusammen und können sich gegenseitig Anregungen geben. Zudem resultieren aus den Trainings eine weitergehende Projektbetreuung und die Einbindung in ein Teilnehmernetzwerk, was die langfristige Etablierung eines Buddy-Projekts erleichtert.

4.1 DIE BUDDY-LANDES- UND REGIONALPROGRAMME

Seit 2005 gibt es in Deutschland Buddy-Landes- und Regionalprogramme. Hier schließen Landesministerien bzw. Senatsverwaltung (Landesprogramm) oder eine Bezirksregierung (Regionalprogramm) mit dem buddY E.V. einen Kooperationsvertrag über die Einführung des Buddy-Projekts für eine bestimmte Anzahl von Schulen ab. Die Programme sind immer paritätisch und partizipativ aufgebaut. Alle wichtigen Entscheidungen trifft eine Steuerungsgruppe, in der neben den Partnern weitere Landesbehörden und oft auch Elternvertreter sitzen. Für die reibungslose Durchführung aller Aktivitäten in größeren Landes- und Regionalprogrammen werden seitens der Partner jeweils Landeskoordinatoren eingesetzt. Ein besonderes Merkmal der Landes- und Regionalprogramme sind die Prozessmoderatoren, die in einigen Bundesländern auch Multiplikatoren heißen. Die Rollen und Aufgaben dieser Gruppe werden auf Seite 98 näher beschrieben.

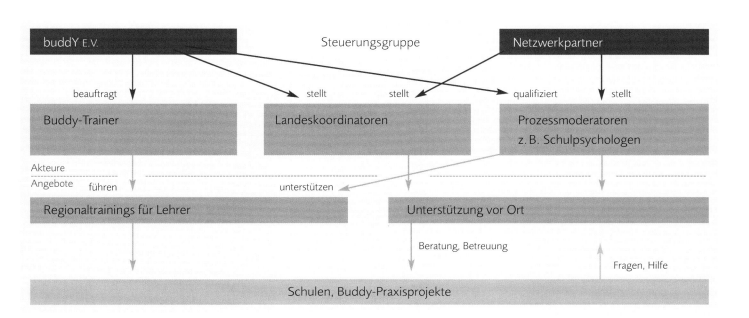

4. ZUGANGSWEGE ZUM BUDDY-PROJEKT

4.1 4.2

Das erste Landesprogramm entstand 2005 in Niedersachsen. Anlass war die Umsetzung des Gewaltpräventionserlasses des Kultusministeriums. Schulen aller Schulformen konnten sich bewerben, um das Buddy-Projekt als neuen oder ergänzenden Ansatz der Gewaltprävention einzuführen. Dann folgte im Jahr 2006 das Landesprogramm Berlin mit dem Ziel, Buddy flächendeckend an allen 405 Grundschulen als Modell der Suchtprophylaxe und Gewaltprävention ab der Klasse 5 einzuführen. Ein weiteres Beispiel für ein großes Landesprogramm entstand in Hessen. Hier gibt es einen Landtagsbeschluss gegen Verrohung und Gewalt, der umgesetzt wird, indem den hessischen Schulen drei Projekte zum Thema Gewaltprävention bzw. soziales Lernen vom Kultusministerium angeboten werden. Eines davon ist das Buddy-Projekt. Auch mit dem Land Thüringen wurde ein Kooperationsvertrag geschlossen. Die Vereinbarung aus dem Jahr 2007 sieht die Einführung des Buddy-Projekts an bis zu 110 weiterführenden Schulen vor.

Diese Beispiele machen deutlich, dass die Buddy-Landes- und Regionalprogramme nicht nur in Hinblick auf einzelne Schulen, sondern auch auf Landes- oder Regionalebene systemisch und lebensweltorientiert angesetzt sind. Die Anpassungen in den Programmen erfolgen in enger Kooperation mit den Fachstellen der Länder.

Ein immer wichtigerer Aspekt ist die Beachtung der Qualitätsrahmen für Schulen in den Bundesländern. Der „Orientierungsrahmen Schulqualität in Niedersachsen" stellt beispielsweise im zentralen Qualitätsbereich 1, Ergebnisse und Erfolge, den Kompetenzerwerb und personale Kompetenzen ganz nach vorne.

Dort heißt es als Ziel:
Die Schule gewährleistet den Erwerb vorgegebener Kompetenzen.
Als Anhaltspunkt wird genannt:
In welchen Aktivitäten der Schülerinnen und Schüler zeigen sich gewachsenes Selbstvertrauen und die Entwicklung sozialer Verantwortung?

Im Qualitätsbereich 2, Lernen und Lehren, werden unter anderem folgende Qualitätsmerkmale aufgeführt:
2.2 Persönlichkeitsentwicklung
2.2.2 Soziales Lernen
2.2.3 Offenheit für Herausforderungen der Zukunft, Verantwortung für die Gesellschaft

Ziel:
Die Schule trägt mit besonderen Angeboten zur Persönlichkeitsentwicklung bei.
Als Schlüsselindikatoren werden genannt:
Wie werden soziales Lernen und verantwortliches Handeln entwickelt?
Werden zukunftsrelevante Herausforderungen aufgegriffen und bearbeitet?

Der Buddy-Ansatz ist zur Umsetzung der Qualitätsmerkmale sehr gut geeignet. Durch den flexiblen Ansatz als Präventionsprojekt sowie als Modell des sozialen Lernens bietet das Buddy-Projekt die Möglichkeit, viele wichtige Aspekte verschiedener Qualitätsrahmen zu erfüllen.

4. ZUGANGSWEGE ZUM BUDDY-PROJEKT

Der Ablauf von Landes- und Regionalprogrammen

Alle Landes- und Regionalprogramme beginnen mit intensiven Konsultationen über landestypische Bedarfe und Einsatzmöglichkeiten des Buddy-Projekts. Die Vereinbarungen fließen dann in einen Kooperationsvertrag, der die Grundlage der Programme bildet. Danach folgt eine Entwicklungskonferenz, in der möglichst viele Entscheider, Aktive, aber auch Skeptiker eingebunden werden. Die Entwicklungskonferenz erarbeitet Vorgaben für das Landes- oder Regionalprogramm und benennt die Mitglieder der Steuerungsgruppe. Aus den Ergebnissen der Entwicklungskonferenz entsteht ein erstes Landesdesign.

In der Folge nimmt dann die Steuerungsgruppe ihre Arbeit auf. Die Steuerungsgruppe erarbeitet, auf welchem Weg die Schulen über das Angebot informiert werden und benennt die Prozessmoderatoren. Die Prozessmoderatoren werden durch speziell geschulte Buddy-Trainer qualifiziert und auf ihre Aufgaben vorbereitet.

Danach folgt eine landesweite oder regionale Ausschreibung, auf die sich interessierte Schulen bewerben können. Die Auswahl trifft in der Regel die Steuerungsgruppe. Im Anschluss daran nehmen die ausgewählten Schulen dann an den Regionaltrainings teil.

Das Buddy-Training

Das Buddy-Training setzt sich zusammen aus fünf Trainingstagen, die sich ungefähr über die Dauer eines Schuljahres verteilen.

Integriert oder den Trainingstagen vorgeschaltet wird ein Audit als ein Instrument zur Bedarfserhebung bei Schülern in Hinblick auf soziales Lernen. Das Audit umfasst eine Dauer von insgesamt zwei Unterrichtsstunden und kann im Rahmen von Projekt- oder Schulsozialarbeit oder im Unterricht eingesetzt werden.

Das Buddy-Training beginnt mit einem zweitägigen Trainingsblock, in dem die Didaktik und Methodik des Buddy-Projekts vermittelt und eigene Praxisprojekte entwickelt werden. Die Trainingstage 3, 4 und 5 finden jeweils im Abstand von etwa

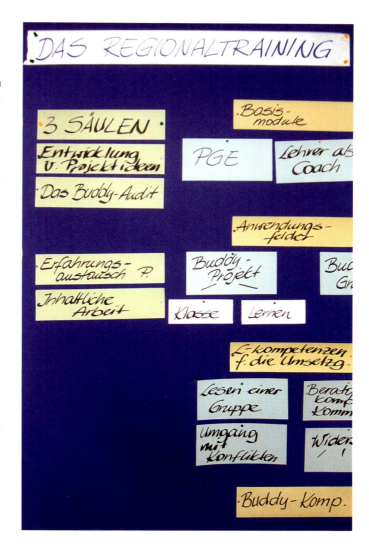

4. ZUGANGSWEGE ZUM BUDDY-PROJEKT

4.1 4.2

drei Monaten statt. Hier bekommen die Teilnehmer zum einen Hilfestellung bei der konkreten Projektumsetzung, zum anderen werden sie zu den Themen Projektmanagement, Implementierung und Evaluation geschult.

Voraussetzungen für teilnehmende Schulen

In Landes- und Regionalprogrammen müssen sich die Schulen um eine Teilnahme am Buddy-Programm bewerben. Die Bewerbung hat das Ziel, die Anzahl der teilnehmenden Schulen gerecht zu steuern und möglichst erfolgversprechende Vorbedingungen zu schaffen. Zudem sollen auf diese Weise Nachhaltigkeit gewährt und die Qualität des Projekts gewährleistet werden. Die Kriterien für die Bewerbung zum Landesprogramm Hessen waren beispielsweise folgende:

- Gesamtkonferenzbeschluss
- Unterstützung des Projekts durch die Schulleitung
- Initiierung einer Projektgruppe in den Schulen
- Teilnahme von bis zu 20 % der Lehrkräfte am Training, mindestens jedoch zwei Lehrkräfte bzw. Schulsozialarbeiter
- Gewährung von Projektstunden für die Umsetzung des Buddy-Projekts
- Bereitschaft zur Teilnahme an einer schulinternen Evaluation

Die ersten vier Punkte zielen darauf, dass sich die (gesamte) Schule bewusst für das Projekt entscheiden soll und von Anfang an eine Unterstützergruppe im Kollegium geschaffen wird. Eine herausgehobene Bedeutung hat die Unterstützung durch die Schulleitung, denn in ihrem Rückhalt wird ein wichtiges Gelingensmerkmal gesehen. Hinsichtlich der Projektgruppe greifen Schulen oft auf bestehende Strukturen zurück, selbstverständlich können sich aber engagierte Fachkräfte auch in einer neuen Gruppe zusammenfinden. Problematisch erscheint häufig das Kriterium, Projektstunden für die Umsetzung zu gewähren. Den Lehrkräften stehen nur begrenzte zeitliche Ressourcen zur Verfügung, und oft fällt es schwer, Entlastungs- oder Abminderungsstunden eingeräumt zu bekommen. Hier ist zu bedenken, dass dies für Buddy-Praxisprojekte, die in der Klasse und insbesondere im Unterricht stattfinden sollen, nicht notwendig ist. Diese Ansätze lassen sich sehr gut in die Unterrichtsvorbereitung und somit in den Stundenplan integrieren. Erfahrungen in den verschiedenen Bundesländern zeigen, dass auch für klassenübergreifende Praxisprojekte stets Umsetzungskapazitäten geschaffen und individuelle Lösungen gefunden werden.

Prozessmoderatoren sichern die Nachhaltigkeit

Ein wichtiges Anliegen des buddY E.V. ist es, die Buddy-Praxisprojekte in den Schulen nachhaltig zu stabilisieren. Aus diesem Grund werden Prozessmoderatoren tätig, die von den jeweiligen Kooperationspartnern zur Prozessoptimierung eingesetzt werden und deren Funktion unter anderem

- die Beratung und Begleitung der Lehrkräfte im Buddy-Projekt,
- der Aufbau von regionalen Netzwerken,
- der Austausch mit den Landeskoordinatoren ist.

Es ist für das Gelingen des Projekts empfehlenswert, wenn die Prozessmoderatoren Entlastungsstunden für eine fachgerechte Begleitung und Beratung erhalten. Prozessmoderatoren sind jeweils in den Regional- oder Landesstrukturen verortet

4. ZUGANGSWEGE ZUM BUDDY-PROJEKT

4.1 **4.2**

und kennen die Schulen und ihre Situationen gut. Häufig sind es Schulpsychologen, Gewaltpräventionsbeauftragte, Koordinatoren oder freigestellte Lehrkräfte. Die nachhaltige Wirkung durch die Prozessmoderatoren wird gewährleistet, indem die Fachkräfte dauerhaft im Netzwerk verbleiben und den Schulen auch längere Zeit nach den Trainings noch zur Verfügung stehen.

Coaching-Tage zur Sicherung der Nachhaltigkeit

Ein weiterer Ansatz, die Qualität der aktuellen Buddy-Praxisprojekte zu sichern und die Nachhaltigkeit zu gewährleisten, sind Vertiefungs- und Praxistage. Hierbei arbeiten die Buddy-Trainer bis zu zwei Mal pro Jahr erneut entweder mit den Teilnehmern der einzelnen Schultrainings oder mit den Prozessmoderatoren in Landes- und Regionalprogrammen zusammen. Idealerweise finden die Vertiefungs- und Praxistage in der gleichen Zusammensetzung wie die Trainings bzw. Prozessmoderatorenausbildungen statt.

In den Vertiefungs- und Praxistagen steht die Projektentwicklung in den einzelnen Schulen im Mittelpunkt und die Trainer bieten dazu Fallberatungen an. Eine andere wichtige Funktion ist die Vermittlung neu entstandener Inhalte und Module des Buddy-Projekts. In Landes- und Regionalprogrammen sollen die Prozessmoderatoren die Neuerungen an die von ihnen betreuten Schulen weitergeben. Auf diese Weise werden alle existierenden Buddy-Praxisprojekte dauerhaft unterstützt und vernetzt.

4.2 DIE BUDDY-EINZELTRAININGS

Einzelne Schulen können aus verschiedenen Gründen wie beispielsweise ihrer regionalen Lage oder spezifischen Bedürfnissen wegen eines besonderen Schulkonzepts nicht an einem Landes- oder Regionalprogramm teilnehmen. Diesen Schulen bietet der buddY E.V. ein Einzeltraining an, das sich im Ablauf nicht von den Trainings im Rahmen eines Landes- oder Regionalprogramms unterscheidet. Allerdings gibt es einen Unterschied hinsichtlich der Kosten: Für Einzeltrainings werden die tatsächlich entstehenden Kosten für die Trainings in Rechnung gestellt. Eine Förderung durch die Vodafone Stiftung Deutschland ist hier nicht möglich. Um aktuelle Kosten zu erfahren, wenden Sie sich telefonisch oder per Mail an den buddY E.V. Die Kontaktdaten erfahren Sie im Impressum oder unter www.buddy-ev.de.

Die fünf Trainingstage werden nach den terminlichen Wünschen der Schulen aufgeteilt. Es empfiehlt sich, die Trainingstage über die Dauer eines Schuljahres zu verteilen. An einem Buddy-Training können bis zu 20 Pädagogen (z. B. Lehrkräfte oder Schulsozialarbeiter) teilnehmen. Es kann mit dem Kollegium einer einzelnen Schule oder in einer Gruppe von Teilnehmern verschiedener Schulen durchgeführt werden.

Sinnvoll ist es, dass sich mehrere Schulen einer Stadt oder Region zusammentun, um ein Projekt-Netzwerk bilden zu können. Jede Schule sollte mindestens zwei Personen entsenden. Auch die Sicherung der Nachhaltigkeit durch Prozessmoderatoren ist im Kontext des Einzeltrainings zu beachten. Hier sollte gemeinsam mit den anderen teilnehmenden Schulen und der Kommune oder der Bezirksregierung darüber nachgedacht werden, wie die Funktion der Prozessmoderatoren substituiert werden könnte.

5.

Methoden

5. METHODENSAMMLUNG

Die nachfolgende Sammlung von Methoden und Übungen orientiert sich an den Kompetenzen, die Buddys generell und für ihre spezifischen Aufgaben benötigen. Die Zuordnung ist beispielhaft zu verstehen, denn zahlreiche der Methoden eignen sich zum Training mehrerer Kompetenzen gleichzeitig. Nutzen Sie in Ihrer Arbeit mit den Buddys die Sammlung als Ideenpool für das Training der Kompetenzen im Rahmen eines kontinuierlichen Qualifizierungsprozesses der Kinder und Jugendlichen – je nach dem Bedarf der Gruppe und der anstehenden Aufgabe für die Buddys.

Die Methoden können je nach Bedarf und Gruppengröße abgewandelt oder durch andere passende Übungen ergänzt werden. Viele der Übungen sind uns freundlicherweise von Marion Altenburg zur Verfügung gestellt wurden (Altenburg, Marion: Die Kunst, Konflikte produktiv zu lösen. Sensibilisierungsprogramm für die Klassen 7 und 8, Frankfurt am Main 2005).

Die Methoden sind den folgenden Kompetenzen zugeordnet, die in Kapitel 1.4 näher beschrieben wurden:
Erkennen und Ausdrücken von Gefühlen und Bedürfnissen
Helfen/Begleiten/Beraten
Kommunikationsfähigkeit
Kooperationsfähigkeit
Lernkompetenz
Reflexionsfähigkeit
Konfliktfähigkeit
Perspektivenwechsel

KOMPETENZ: ERKENNEN UND AUSDRÜCKEN VON GEFÜHLEN UND BEDÜRFNISSEN

Methoden:
1. Wie geht es mir heute?
2. Gefühle fühlen
3. So geht es mir
4. Was brauche ich, um mich wohl zu fühlen?
5. Ich reiße mir von dir eine Scheibe ab

---

1. Wie geht es mir heute?

Lernziel:
Eine ideale Einstiegsübung aus der theaterpädagogischen Arbeit, die verschiedene Optionen bietet:
- sich seiner eigenen Stimmung und Gefühle bewusst zu werden,
- diesen Gefühlen einen kreativen Ausdruck zu verleihen,
- die Gefühle der übrigen Teilnehmer zu erfahren und in der Imitation nachzuempfinden.

Zeit:
15 Minuten (je nach Gruppengröße mehr oder weniger lang)

Material und Vorbereitung:
ohne

Durchführung:
Alle Teilnehmer stehen im Kreis. Die Gruppe einigt sich auf einen Satz zur Begrüßung, etwa: „Wie schön, dass ich heute hier bin!" Die Aufgabe besteht nun zunächst darin, die eigene Stimmung zu reflektieren und den Satz gemäß dieser Stimmung in Bewegung und Tonfall zu interpretieren und darzustellen. Der erste Teilnehmer beispielsweise springt energisch in den Kreis und ruft mit weit ausgebreiteten Armen ein fröhliches „Wie schön, dass ich heute hier bin!" Er kehrt an seinen Platz zurück. Die anderen Teilnehmer übernehmen nun die Spiegelung und imitieren das Original in Bewegung und Intonation.

5. METHODENSAMMLUNG

Ihre Aufgabe besteht dabei darin zu versuchen, a) möglichst gemeinsam und synchron zu beginnen (ohne sich ein Zeichen zu geben), b) den Begrüßungssatz wie ein griechischer Chor einstimmig in der gezeigten Emotion zu intonieren und c) dabei die Emotion des „Vorsprechers" nachzuempfinden. Dieser bleibt derweil an seinem Platz im Kreis stehen und beobachtet, wie alle anderen wie auf ein geheimes Zeichen energisch in die Mitte springen und fröhlich den Begrüßungssatz rufen.

Ein anderer schleicht mit hängenden Schultern und gebeugtem Rücken in den Kreis und jammert deprimiert: „Wie schön, dass ich heute hier bin!" Ein Dritter schlufft, sich verschlafen die Augen reibend, in den Kreis und gähnt den Satz mehr als er ihn spricht, ein Vierter weint ihn mit bebenden Schultern, wieder ein anderer singt ihn wie ein Belcanto-Sänger usw.
So gibt jeder eine Stimmung vor, die von den anderen nachempfunden, imitiert und gespiegelt wird.

Auswertung:
Als Einstiegsübung zur Begrüßung kann die Übung gut auch unreflektiert stehen bleiben. Eine Auswertung im Sinne einer Reflexion oder Hinterfragung ist in diesem Kontext oft nur sinnvoll, wenn sie als Überleitung zum weiteren Ablauf genutzt werden kann.

Für Auswertungen sind folgende Leitfragen sinnvoll: Ist es den Teilnehmern leicht gefallen, den Satz gemäß der eigenen Stimmung zu interpretieren? Wie war es, einer (oftmals) fremden Gruppe etwas Persönliches wie eine Stimmung, ein Gefühl mitzuteilen? Wie war es, diese Stimmung und Äußerung von allen anderen gespiegelt zu sehen? Ist es den anderen Teilnehmern schwer gefallen, die jeweiligen Begrüßungen zu imitieren? Haben sie dabei auch die jeweilige Stimmung des Vorsprechers nachempfinden können?

5. METHODENSAMMLUNG

2. Gefühle fühlen

Lernziel:
Diese nonverbale Übung ist eine gute Grundlage für den Themenbereich „Gefühle äußern". Vielen Jugendlichen fällt es schwer, Gefühlsregungen preiszugeben – diese werden in der Regel hinter „Coolness" versteckt. Hier kann durch den Händekontakt das Eis gebrochen werden.

Zeit:
30 Minuten

Material und Vorbereitung:
ohne

Durchführung:
Die Teilnehmer finden sich in Dreiergruppen zusammen. Sie sitzen eng beieinander, geben sich die Hände, so dass sie einen geschlossenen Kreis bilden, und schließen die Augen. Die Aufgabe besteht darin, Gefühle, ohne ein Wort zu sprechen, nur mit den Händen auszudrücken. Nennen Sie mit ausreichend Pausen dazwischen langsam Empfindungen wie z. B. Freude … Hass … Einsamkeit … Wut … Trauer … stilles Glück …
Die Jugendlichen versuchen, zu jedem Begriff das entsprechende Gefühl in Handbewegung und Händedruck zu übertragen und es ihren Nachbarn zu vermitteln, wobei sie parallel von diesen auch Äußerungen empfangen und wahrnehmen.

Auswertung:
War es den Teilnehmern eher angenehm oder unangenehm, einander nonverbal Gefühle über die Hände zu vermitteln? Welche Gefühle ließen sich leicht und problemlos ausdrücken, welche waren nur schwer oder überhaupt nicht zu verstehen? Wäre es leichter gefallen, über die Gefühle zu reden?

3. So geht es mir

Lernziel:
Mit dieser Übung sollen die Jugendlichen lernen, ihr Befinden authentisch zu vermitteln. Auf die Frage „Wie geht es dir?" antworten wir meistens nur oberflächlich mit einem schnellen „Gut". Die ernst gemeinte Frage „Wie geht es dir?" setzt echtes Interesse und die Bereitschaft voraus, sich auf eine möglicherweise längere und vielleicht unbequeme Antwort einzulassen. Andererseits gibt es problematische Situationen, in denen Jugendliche, die Hilfe suchen, sich vielleicht anderen anvertrauen wollen, aber nicht wissen wie. Eine strukturierte Form der Selbstäußerung, wie wir sie hier vorschlagen, kann dazu verhelfen, Sicherheit zu gewinnen, sich an andere zu wenden und Hilfe zu bekommen.

Zeit:
90 Minuten

Material und Vorbereitung:
ohne

Durchführung:
Erklären Sie den Jugendlichen die Merkmale einer strukturierten Ich-Äußerung. Sie enthält drei Elemente:

1. Das ist mein Problem: Zuerst werden die Umstände, die das Problem ausmachen, möglichst neutral dargestellt, ohne Wertung oder Beleidigung.

2. So fühle ich mich dabei: Dann sollen die eigenen Emotionen deutlich gemacht werden, auch die eigene

Hilflosigkeit und Schwäche: Schwäche zuzugeben ist eine Stärke! Jeder soll von sich reden und keine Beleidigungen oder direkten Vorwürfe an andere richten: „Ich ärgere mich über ihn, weil ..." ist eine bessere Aussage als „Er ist ein Schwein!"

3. Das brauche und will ich: Nun wird deutlich formuliert, wie eine Lösung des Problems aussehen könnte, was man selbst dazu beitragen kann und was man sich ganz allgemein an Hilfe erhofft. Hat jemand ein spezielles Anliegen an den Zuhörer, sollte die Person es hier äußern.

Anschließend finden sich die Schüler in Dreiergruppen zusammen. Jeder denkt sich ein Problem aus, an das er sich erinnern kann und das er preisgeben will, oder er erfindet eine Problemsituation, in die er sich hineindenken kann.
Schüler A formuliert dann eine Ich-Äußerung und Schüler B ist der Zuhörer. Schüler C ist der Beobachter der Situation: Er notiert sich, was ihm aufgefallen ist, ob alle Elemente einer Ich-Äußerung vorhanden waren und das Anliegen deutlich wurde. Dann werden die Rollen getauscht, so dass jeder einmal eine Ich-Äußerung macht, einmal zuhört, einmal beobachtet.

Auswertung:

Ist es schwer gefallen, ein Problem vorzutragen und es sogar in eine klare Aussagestruktur zu bringen? Gab es eine wichtige Komponente, die nicht vermittelbar war? Hat die Äußerung dazu beigetragen, das Problem klarer zu machen? Kann eine Ich-Äußerung den Ablauf des Problems verändern, und wenn ja, wie?

4. Was brauche ich, um mich wohl zu fühlen?

Lernziel:

Die Schüler formulieren Bedingungen, unter denen sie sich wohl und anerkannt fühlen, sie suchen nach einem angenehmen Klima und nach Verhaltensregeln für die Klasse.

Zeit:

45–90 Minuten

Material und Vorbereitung:

Zwei Poster bzw. Plakatkarton, Tafelbild „Ich fühle mich wohl, ich fühle mich unwohl" vorbereiten. Notieren Sie die folgenden Sätze:
Ich fühle mich in meiner Klasse wohl, wenn ...
Ich fühle mich in meiner Klasse unwohl, wenn ...
Ich kann mit anderen leicht über meine Gefühle sprechen, wenn ...
Ich kann nur schwer mit anderen über meine Gefühle sprechen, wenn ...
Ich fühle mich zu jemandem hingezogen, wenn ...
Ich hoffe, dass in meiner Klasse ...
In meiner Klasse gefällt mir, dass ...
In meiner Klasse ärgert mich, dass ...
Was ich in meiner Klasse gern lernen würde, ist ...

Durchführung:

Vor dem Einsatz des Tafelbilds „Ich fühle mich wohl, ich fühle mich unwohl ..." steht eine kurze Einstimmung in das Thema an. Die Teilnehmer sitzen entspannt, schließen die Augen und werden auf eine kurze Fantasiereise geschickt. „Erinnere dich an eine Situation, in der du dich unwohl gefühlt hast. Beispielsweise in den vergangenen Tagen, in der Pause, vor oder nach dem Unterricht. – Wer war beteiligt? – Wie haben sich die Personen verhalten? – Wie fühltest du dich? – Nun erinnere dich an eine Situation in den vergangenen Schultagen, in der Pause, vor oder nach dem Unterricht, in der du dich wohl gefühlt hast. – Wer war beteiligt? – Wie haben sich die Personen verhalten? – Wie fühltest du dich?"
Dann werden die Schüler mit der Aufforderung, sich zu strecken, zu räkeln, langsam die Augen zu öffnen und sich umzusehen, aus der Fantasie zurückgeholt. Sie setzen sich wieder

5. METHODENSAMMLUNG

gerade hin und richten die Aufmerksamkeit auf das Geschehen in der Klasse. Einige Schüler können nun kurz von ihren Erfahrungen berichten. Nach dieser Einführung kommt das vorbereitete Tafelbild zum Einsatz. Alle denken über die Vorgaben nach und ergänzen für sich selbst, unter welchen Bedingungen sie sich wohl bzw. unwohl fühlen. Die Ergebnisse werden auf zwei großen Postern gesammelt, entweder schreibt jeder die eigenen Sätze an oder die Lehrkraft fasst zusammen und notiert die Antworten.

Mögliche Zusammenfassung sind: Wir fühlen uns wohl, wenn andere uns zuhören, wenn wir freundlich und rücksichtsvoll behandelt werden, wenn andere versuchen, uns zu verstehen, wenn wir angelächelt werden ... Die Schüler werden um Konkretisierung bei Formulierungen wie „Vertrauen schenken, respektvoll umgehen" und Ähnliches gebeten: „Wie merkst du, ob jemand dich respektiert? Wie zeigst du jemandem, dass du ihm Aufmerksamkeit schenkst?"

Auswertung:
In der Auswertung soll deutlich werden, dass die Wahrscheinlichkeit am größten ist, dass sich alle wohl und akzeptiert fühlen, wenn jeder die anderen so behandelt, wie er selbst behandelt werden möchte. Anschließend können die Schüler aus diesen Überlegungen Rechte ableiten, die sie gerne in der Schule haben möchten. Die Rechte werden auf Plakaten festgehalten, die in der Klasse aufgehängt werden. Rechte sind z. B. das Recht (auf) ...
- die eigene Meinung
- respektiert zu werden
- Fehler zu machen
- die Aufmerksamkeit der anderen
- „Nein" zu sagen bei Gruppendruck und persönlichen Fragen
- Fragen zu stellen, wenn man etwas nicht verstanden hat
- Meinungsänderung.

Im Anschluss sollte erfragt werden, welche Pflichten mit diesen Rechten verbunden sind. So ist das Recht, respektvoll behandelt zu werden, untrennbar mit der Verpflichtung verbunden, andere respektvoll zu behandeln. Auch die Verpflichtungen, die die Rechte aller in der Klasse garantieren, werden gesammelt und bleiben als Liste aufgeklebt im Klassenraum einige Zeit hängen.

5. Ich reiße mir von dir eine Scheibe ab

Lernziel:
Die Schüler lernen in diesem Zusammenhang, ihre eigenen Stärken selbstbewusst zu erkennen und zu benennen. Wer seine Stärken kennt, hat es nicht nötig, andere klein zu machen. Außerdem setzen sie sich mit der Fremdwahrnehmung der anderen auseinander und lernen deren Stärken wertzuschätzen.

Zeit:
90 Minuten oder mehr

Material und Vorbereitung:
Moderationskarten in drei verschiedenen Farben, pro Schüler drei Moderationskärtchen, Klebeband

Durchführung:
Diese Übung braucht einen Vorlauf, da es gilt, gute Eigenschaften von sich selbst zu benennen. Der verfügbare Wortschatz der Schüler reicht oft nicht aus, um sich spontan differenziert auszudrücken. Deshalb ist es empfehlenswert, zuerst eine Liste guter Eigenschaften zusammenzustellen und als Wandzeitung im Klassenraum aufzuhängen. Durch die Liste positiver Eigenschaften besteht die Möglichkeit, mit der Zeit sich selbst und andere immer differenzierter wahrzunehmen und zu beschreiben.

Positive Eigenschaften können beispielsweise sein: kreativ, freundlich, hilfsbereit, einfühlsam, fröhlich, geduldig, mutig, aufmerksam, großzügig, fleißig, musikalisch, sportlich und und und.

Anhand dieser möglichst umfangreichen Liste überlegt sich jeder Schüler fünf Eigenschaften, die auf ihn zutreffen. Aus diesen fünf wählt er wiederum drei besonders passende Eigenschaften und entscheidet sich schließlich für eine einzige, die für ihn als Person kennzeichnend ist.

Nun schließt sich die eigentliche Übung „Ich reiße mir von dir eine Scheibe ab" an. Es bilden sich drei Gruppen. Jede Gruppe erhält Kärtchen in derselben Farbe. Jede Farbgruppe führt die Übung für sich durch. Also „Grüne" schauen nur bei „Grünen", „Rote" nur bei „Roten" ...

5. METHODENSAMMLUNG

Jeder Schüler erhält je drei Moderationskärtchen und faltet jedes Kärtchen längs ziehharmonikaartig in sechs gleich große Teile. Dann faltet jeder seine Kärtchen wieder auf und überlegt sich drei positive Eigenschaften, die er selbst hat. Alle sollen möglichst konkrete Eigenschaften benennen wie z. B. geduldig, temperamentvoll, nachdenklich, einfühlsam, ordentlich usw. und „Allerweltswörter" wie „nett", „freundlich" vermeiden, da diese Eigenschaften zu ungenau sind und sich jeder etwas anderes darunter vorstellen kann. Pro Eigenschaft braucht man jetzt ein Moderationskärtchen, auf das diese jeweils sechsmal geschrieben wird, in jeden gefalzten Abschnitt einmal.

Die so beschrifteten Kärtchen kleben sich alle mit Tesakrepp an ihre Kleidung und laufen damit in der Klasse herum. Man schaut nun bei den anderen, ob diese Eigenschaften benannt haben, die man selbst gerne hätte, weil man sie an sich nicht so sehr wahrnimmt, oder die man selbst zwar schon hat, aber gern noch ausbauen würde. Jeder darf nun die anderen fragen, ob er sich ein Stückchen (eine gefalzte „Scheibe") nehmen darf. Bei Zustimmung reißt man sich eine Scheibe ab und hebt sie sorgsam auf. Jeder entscheidet selbst, wie viel er geben will. Es ist auch möglich, „nein" zu sagen.

Die anleitende Person achtet während der Übung darauf, dass möglichst bei jedem etwas abgerissen wird, hier kann sie auch selbst tätig werden. Wenn alle genügend bekommen und genommen haben, setzt sich die Gruppe an ihre Tische und betrachtet die selbst benannten sowie auch die gewonnenen Stärken nochmals, um sie dann sorgsam zu verwahren. Dies kann geschehen, indem sie aufgeklebt und in einen Ordner geheftet oder in einem Briefumschlag gesammelt werden. Wichtig ist zu erwähnen, dass alle in dieser Übung lauter „Geschenke" bekommen haben, die es verdienen, sorgfältig aufgehoben zu werden.

Auswertung:
Im Plenum tauscht sich die Gruppe darüber aus, welche Eigenschaften jeder gesammelt hat und was sich ändern könnte, wenn man mehr davon an den Tag legen würde. Der Gewinn, den man aus dieser Übung ziehen kann, ist es, Eigenschaften bewusst zu machen und zu aktivieren, um sein Verhaltensrepertoire zu erweitern und in verschiedenen Situationen angemessen reagieren zu können. Es sollte deutlich werden, dass wir uns auf unsere Stärken berufen können, aber dabei nicht auf bestimmte Verhaltensweisen festgelegt sind.

5. METHODENSAMMLUNG

KOMPETENZ: HELFEN/BEGLEITEN/BERATEN

Methoden:
1. Auf Ansage malen
2. Marktplatz
3. Heimlicher Buddy
4. Beratungsgespräch
5. Schülerfallberatung

---

1. Auf Ansage malen

Lernziel:
Unterstützung und Hilfe anderer Personen, aufeinander eingehen.

Zeit:
ca. 15 Minuten

Material und Vorbereitung:
Stifte, Blätter, einfache Zeichnung

Durchführung:
Zwei Teilnehmer sitzen einander gegenüber. Teilnehmer A hält in seiner Hand ein Blatt mit einer (einfachen) Zeichnung. Teilnehmer B, der diese Zeichnung nicht sehen kann, sitzt vor einem weißen Blatt Papier und hält einen Stift in der Hand. Teilnehmer A beschreibt nun Teilnehmer B den Weg der Linien auf seinem Blatt, ohne ihm das Motiv zu nennen, z.B.: Drei Zentimeter nach oben im Winkel von 90 Grad, dann eine scharfe Rechtskurve nach unten vollziehen… Teilnehmer B versucht, seine Zeichnung exakt nach den Vorgaben von Teilnehmer A anzufertigen.

Auswertung:
Die Paare werten ihre Erfahrungen aus: Wie war es, sich blind auf die Anweisungen eines anderen verlassen zu müssen? Wie nah ist das Ergebnis an das Original gekommen? Welche Taktik hätte möglicherweise zu einem besseren Ergebnis geführt? Wie sähen die Anweisungen bei einer Wiederholung aus?

2. Marktplatz

Lernziel:
Diese Kooperationsübung ist besonders gut zur Verdeutlichung der gegenseitigen Hilfe und Begleitung geeignet. Zudem werden die unterschiedlichen Begabungen der Kinder deutlich, die sich in Tandems gegenseitig unterstützen.

Zeit:
je nach gewähltem Zeitraum

Material und Vorbereitung:
ausreichend Karten in zwei verschiedenen Farben, Plakatwand

Durchführung:
1. Erklären Sie den Schülern zunächst das Prinzip der gegenseitigen Unterstützung. Dann erhalten die Schüler zwei Karten in unterschiedlichen Farben. Auf eine der Karten schreiben sie, in welchem Bereich ihre Stärken liegen und wo sie andere unterstützen können. Auf die andere Karte schreiben sie das Thema oder Fach, in dem sie gern Unterstützung hätten.

2. Die Lehrkraft schreibt auf eine Hälfte der Plakatwand „Was ich anbieten kann" und auf die andere Hälfte „Wo ich gern Unterstützung hätte". Jeder Schüler hängt dann nach und nach seine Karten unter die betreffende Rubrik und erläutert seine Gründe.

3. Wenn alle Karten hängen, geben Sie den „Marktplatz" frei. Fordern Sie die Kinder auf, sich einen Partner zu suchen, der etwas anderes besser kann. Lassen Sie die Schüler zuerst selbst ihre Partner suchen. Helfen Sie dann den Kindern, die nicht zu einem Ergebnis kommen.

4. Wenn gewünscht, können die Schüler dann unter Anleitung der Lehrperson einen „Vertrag" erarbeiten, in dem festgehalten wird, bei welchen Themen oder Fächern und wann und wo die Unterstützung stattfinden soll. Die Verträge werden nach der Besprechung mit der Lehrkraft von den beiden Vertragspartnern unterzeichnet.

5. Wenn die Tandems gebildet sind, sollten die Rollen und Arbeitsschritte einmal eingeübt werden, damit jeder sich in seiner Rolle sicher fühlt.

Auswertung:
Die Teams sollen nach kurzer Zeit der Zusammenarbeit Rückmeldung über ihr Befinden und ihre Fortschritte geben.

---

3. Heimlicher Buddy

Lernziel:
Ziel der Übung ist es, auf spielerische Art zu erreichen, dass die Kinder und Jugendlichen sich umeinander kümmern und einen Blick dafür bekommen, wie sie einander behilflich sein können.

Zeit:
Die Übung erstreckt sich über eine Woche.

Material und Vorbereitung:
Zettel je nach Anzahl der Schüler

Durchführung:
Erklären Sie den Schülern die Aufgaben des „Heimlichen Buddys", des heimlichen Kumpels. Seine Aufgabe besteht darin, sich für die Dauer von einer Woche um eine andere Person in der Klasse zu kümmern, Verantwortung für sie zu übernehmen, ihr kleine Aufmerksamkeiten bzw. Überraschungen zukommen zu lassen – ohne dass diese Person es merkt. Das kann z. B. in Form von kleinen Trostbriefchen nach einer verhauenen Englischarbeit sein, in der brieflichen Bestärkung eines bestimmten Verhaltens: „Fand ich gut, wie du dem Sven die Meinung gesagt hast!", in einer selbst aufgenommenen CD oder Ähnlichem.

Alle schreiben ihre Namen auf kleine Zettel, die gut gemischt werden, dann wird von jedem gezogen. Hat sich jemand selbst gezogen, wird der Vorgang wiederholt. Nach Ablauf der Woche kommen alle wieder zusammen. Bevor das Geheimnis der Buddys gelüftet wird, soll jeder einen Tipp abgeben, wer wohl sein heimlicher Buddy gewesen ist und woran er dies erkannt haben will. Erst dann geben die Buddys sich zu erkennen.

Auswertung:
Fragen Sie die Teilnehmer, wo ihre Aufmerksamkeit lag: selbst Buddy zu sein oder herauszufinden, wer ihr Buddy ist? Waren sie am Ende von ihrem Buddy überrascht? Ist es ihnen schwer gefallen, die Rolle als Buddy auszufüllen und durchzuhalten? Hat die Rolle als Buddy die „Partner" einander näher gebracht? Achten sie seit dieser Übung auch stärker auf andere in der Klasse? Könnten sie sich vorstellen, die Rolle als Buddy auch über die Übung hinaus zu übernehmen?

5. METHODENSAMMLUNG

4. Beratungsgespräch

Lernziel:
Bei der Beratung sind die Anforderungen an die Buddy-Berater, eine helfende Beziehung aufzubauen, hoch. Jede Art von Belehrung und Besserwissen wird etwa ein Gleichaltriger völlig ablehnen. Jugendliche nehmen einen jugendlichen Berater an, wenn er in einer neutralen Position verbleibt und dadurch hilft, einen Weg zu einer Lösung zu finden, während sie sich gemeinsam mit dem Problem beschäftigen. Dann können sie sich öffnen und zu positiven Ergebnissen kommen.

Zeit:
je nach Fall

Material und Vorbereitung:
ohne

Durchführung:
Der Ablauf eines Beratungsgesprächs ist in fünf Phasen gegliedert.

1. Phase: Einsteig
Hier geht es darum,
- sich gegenseitig kennen zu lernen,
- zu klären, welche Frage im Mittelpunkt steht
- und in welchem Rahmen die Treffen stattfinden (Zeit, Ort),
- aber auch, ob das Problem nicht besser zuerst mit einer Lehrkraft besprochen werden sollte.

In dieser Phase sollte der Buddy auch entscheiden, ob er überhaupt Lust und Zeit hat oder es sich zutraut, mit diesem Mitschüler zu arbeiten. Wenn er Zweifel hat, kann er mit dem Coach oder in der Buddy-Gruppe darüber reden und mit den anderen eine Lösung finden.

2. Phase: Besprechung des Problems
Hier geht es darum,
- den Rat suchenden Schüler dabei zu unterstützen, sein Problem umfassend darzustellen, indem man aktiv zuhört, die Aussagen zusammenfasst und vertiefende Fragen stellt,
- zum Schluss die wesentlichen Elemente des Problems noch einmal zusammenzufassen (wenn möglich schriftlich).

3. Phase: Erarbeitung von Varianten
Hier geht es darum,
- mehrere Varianten zur Lösung des Problems zu suchen,
- die Varianten zu ordnen,
- sie dann einzeln ausführlich zu besprechen,
- und den Schüler dabei zu unterstützen, sich für die geeignetste Variante zu entscheiden.

4. Phase: Schritte zur Lösung
Hier geht es darum,
- für die gefundene Lösung konkrete Schritte der Umsetzung zu erarbeiten,
- diese Schritte möglichst schriftlich festzuhalten.

Der Rat suchende Schüler hat nun die Möglichkeit, diese erarbeiteten Schritte in der Lösung des Problems umzusetzen. Daher sollte bis zum nächsten Gespräch etwas Zeit vergehen.

5. Phase: Lösung des Problems
Hier geht es darum,
- mit dem Rat suchenden Schüler die Erfahrungen bei der Umsetzung der erarbeiteten Schritte und der Lösung des Problems zu reflektieren,
- eventuell neue Teilvarianten zu überlegen,

Auswertung:
In einem Abschlussgespräch sollte der Beratungsprozess rückblickend gemeinsam betrachtet werden.

---

5. Schülerfallberatung

Lernziel:
Bei jeder Beratung ist ein Buddy immer wieder neu in seiner eigenen Haltung und der Anwendung der Fragetechniken gefordert. Daher ist es für Buddys wichtig, stets die Möglichkeit zu haben, ihre Erfahrungen zu reflektieren und schwierige Beratungssituationen mit den anderen in der Buddy-Gruppe besprechen zu können.
Bei der „Schülerfallberatung" handelt es sich um eine in Buddy-Gruppen leicht einsetzbare, pragmatische Methode, die eine strukturierte Problembearbeitung und kontinuierliches Lernen ermöglicht. Jeder Teilnehmer übernimmt dabei eine klar definierte Rolle. Die Rollen werden beim nächsten Fall wieder gewechselt. In den einzelnen Schritten im Ablauf gibt es für jede Rolle bestimmte Aufgaben.

Zeit:
ca. 45 Minuten

Material und Vorbereitung:
ohne

Durchführung:
1. Die Rollen
Es sind vier Rollen, die die Teilnehmer bewusst einnehmen und die für das Gelingen der Methode wichtig sind:

1. Der Fallgeber: die Person, die den Fall einbringt und nach Rat fragt. Ihre Aufgabe besteht darin, das Problem möglichst kompakt und für die anderen nachvollziehbar darzustellen.

2. Die Berater: mehrere Mitglieder der Gruppe, die bewusst in die Beraterposition gehen. Sie hören aktiv zu, stellen sich auf die Sichtweise des Fallgebers ein, verzichten auf Ratschläge und unterstützen mit hilfreichen Fragen, Eindrücken und Lösungsvarianten.

3. Der Moderator: Person, die die Moderation übernimmt, den systematischen Ablauf sichert und auf die Einhaltung der Zeit achtet. Bei komplexeren Fällen macht es Sinn, dem Moderator noch einen Schreiber zur Seite zu stellen, der die wichtigsten Punkte festhält.

4. Die Beobachter: zwei Personen, die sich nicht an der Diskussion beteiligen, sondern zuhören, beobachten, sich Notizen machen und zum Schluss Feedback zum Ablauf und zu den Rollen geben.

5. METHODENSAMMLUNG

2. Der Ablauf

Der Ablauf der „Gemeinsamen Schülerfallberatung" ist in fünf Schritte gegliedert. Der geplante Zeitumfang beträgt 45 Minuten.

1. Schritt: Einteilung der Rollen (5 min)
Als Erstes werden die Rollen verteilt. Es geht schneller, wenn der Coach dazu Karten vorbereitet hat.

2. Schritt: Fallbeschreibung (10 min)
Der Fallgeber schildert nun den Fall, die Berater können Verständnisfragen stellen.

3. Schritt: Analyse (10 min)
Die Berater geben wieder, was sie verstanden haben und welchen Eindruck dies auf sie macht. Sie vergleichen den Fall mit eigenen Erfahrungen. Der Fallgeber hört nur zu und macht sich Notizen. Erst zum Schluss nimmt er Stellung und benennt die für ihn wesentlichen Problempunkte.

4. Schritt: Lösungen (15 min)
Die Berater überlegen nun unterschiedliche Varianten zur Lösung des Problems und sprechen über die Vor- und Nachteile jeder Variante. Der Fallgeber hört erst zu, beteiligt sich dann an der Diskussion und entscheidet sich für eine Lösungsmöglichkeit.

5. Schritt: Feedback (5 min)
Zum Abschluss geben die Prozessbeobachter Feedback zum Ablauf und den Rollen und machen evtl. Vorschläge zur Verbesserung der Schülerfallberatung in der weiteren Arbeit.

Auswertung:
Am Ende sollten sich alle darüber austauschen, wie sie die Beratung erlebt und was sie dabei empfunden haben.

5. METHODENSAMMLUNG

KOMPETENZ: KOMMUNIKATIONSFÄHIGKEIT

Methoden:
1. Komplimente
2. Aktiv Zuhören
3. Ich-Botschaften
4. Versteh mich doch endlich!
5. Lass mich dein Spiegel sein

---

1. Komplimente

Lernziel:
Gerade im Rahmen von Schule herrscht häufig eine Defizitorientierung vor. Man bekommt gespiegelt, was man nicht kann und was nicht lobenswert ist. Dieses Verhalten übernimmt man leicht und lernt demnach eher zu kritisieren und Kritik einzustecken als zu loben und Lob zu genießen. Die meisten Menschen in unserer Gesellschaft müssen erst wieder lernen, Lob zu geben und zu empfangen. Im Gespräch soll deutlich werden, dass jeder Mensch Eigenschaften und Verhaltensweisen besitzt, die man loben und anerkennen kann. Die Schüler üben, Komplimente auszusprechen und Positives zu formulieren.

Zeit:
45 Minuten

Material und Vorbereitung:
Plakat, Karten

Durchführung:
Zuerst werden in der Klasse gemeinsam Adjektive gesammelt, die Menschen beschreiben. Die positiven Begriffe werden auf ein Plakat geschrieben, das im Klassenraum als „Lexikon der Gefühlswörter" hängen bleibt.
Nun schreibt man eine positive Bemerkung über seinen rechten Tischnachbarn auf ein Kärtchen und überreicht es. Es können auch mehrere Komplimente gemacht werden.
Im Plenum werden die Botschaften vorgelesen.

Auswertung:
Es stehen drei Fragen im Vordergrund:
1. Wie fühlt es sich an, wenn man gelobt wird?
2. Wie fühlt man sich, wenn man lobt?
3. Warum fällt es manchmal so schwer, zu loben?

Im Anschluss sollen alle mit geschlossenen Augen nachdenken, wofür sie in der letzten Zeit gelobt wurden und dann unter der Überschrift: „Über dieses Lob habe ich mich besonders gefreut" aufschreiben, welches Lob ihnen besonders wichtig war. Die Schüler müssen nicht veröffentlichen, was sie geschrieben haben, sie sollten jedoch im Plenum die Möglichkeit erhalten vorzulesen, wenn sie es möchten.

5. METHODENSAMMLUNG

2. Aktiv Zuhören

Lernziel:
Durch genaues Zuhören und Zusammenfassen in eigenen Worten lernen die Schüler eine der Basistechniken der Gesprächsführung kennen.

Zeit:
45 Minuten

Material und Vorbereitung:
Innen- und Außenkreis bilden

Durchführung:
Die Teilnehmer bilden mit ihren Stühlen zwei konzentrische Kreise mit jeweils gleich vielen Stühlen. Die Personen im äußeren Kreis schauen nach innen, die im inneren Kreis nach außen. Die Paare sollen sich dicht gegenüber sitzen, während sie den Seitenabstand zu den anderen Paaren recht groß halten – das heißt, dass der gesamte Kreis möglichst großzügig gebildet wird.

Nun wird allen Paaren ein einheitliches Thema gestellt, und zwar eines, zu dem jeder etwas zu sagen hat, z.B.: „Wie habe ich meinen letzten Geburtstag erlebt?"

Alle Teilnehmer im Außenkreis bekommen jetzt fünf Minuten lang die Gelegenheit, der gegenübersitzenden Person im Innenkreis etwas zu diesem Thema zu erzählen. Diese hat die Aufgabe, sehr genau zuzuhören und das Gehörte gelegentlich mit eigenen Worten zusammenzufassen. Dabei sollte man darauf achten, neben Fakten auch Gefühle wiederzugeben, die man wahrgenommen hat. Die zuhörende Person beginnt also beispielsweise mit dem Satz: „Habe ich dich richtig verstanden, dass du …?" Nötigenfalls werden diese Aussagen korrigiert.

Anschließend rücken alle Teilnehmer im Innenkreis um jeweils einen Stuhl weiter nach rechts, so dass alle neue Partner vor sich haben. Die innen Sitzenden erzählen nun von ihrem letzten Geburtstag, wobei die außen Sitzenden intensiv zuhören und anschließend zusammenfassen.

Auswertung:
Welche Wirkung und welche Gefühle hat das Zuhören ausgelöst? Hat die Übung mit verschiedenen Partnern unterschiedlich gut funktioniert? Was war angenehmer, zuhören oder berichten?

---

3. Ich-Botschaften

Lernziel:
Die Schüler lernen, ihre eigene Position zu vertreten, ohne anderen die ihre abzusprechen. Sie erfahren, dass durch unterschiedliche Sprechweisen Gespräche und Konflikte beeinflusst werden. Vor allem im Umgang mit Konflikten sind Ich-Botschaften die geeigneten Mittel, um Interessen und Bedürfnisse konstruktiv zu vertreten und sich selbst zu behaupten.

Zeit:
mindestens 90 Minuten

Material und Vorbereitung:
eventuell Tafelbild erstellen

Durchführung:
Zunächst soll der Unterschied zwischen Ich-Botschaften und Du-Botschaften in Aufbau und Reaktion im Rollenspiel erarbeitet werden. Hierzu eignen sich kleine Dialoge. Zwei Freiwillige stehen sich gegenüber, einer hat als Rollenanweisung den Satz bekommen:
„Du Idiot, kannst du nicht aufpassen? Immer machst du alles kaputt, dir kann man aber auch gar nichts in die Hand geben, alles zerstörst du."
Das Spiel beginnt. Man soll nicht eingreifen, alles ist erlaubt. Beendet wird das Stehgreifspiel, wenn der Konflikt eskaliert ist. Dann werden die Akteure „entrollt".

Im nächsten Stehgreifspiel erhält ein Spieler den Satz:
„Ich bin wütend, denn du hast meinen Füller kaputt auf meinen Platz zurückgelegt. Ich bekomme jetzt großen Ärger zuhause mit meiner Mutter."

Auch dieses Spiel sollte einige Minuten laufen. Die Spieler können die jeweiligen Sätze so verändern, dass die Wortwahl ihrer Sprache entspricht. Die jeweiligen Reaktionen und der Verlauf des Dialogs sind in beiden Fällen nicht vorgegeben. Die Zuschauer achten darauf, wie die Spieler miteinander umgehen. Die Lehrkraft erklärt, dass der eine Schüler dem anderen einen Füller kaputt gemacht hat, den dieser ihm geliehen hat. Anschließend gibt sie eine zweite Situation vor: Am Kiosk drängelt sich jemand vor. Wieder gibt es je zwei Spielpersonen.
Spiel 1: „Hey, du Blödmann, stell dich hinten an, aber dalli!"
Spiel 2: „Ich will, dass du dich hinten anstellst, mich nervt es auch, solange hier zu warten."

Auswertung:
Nach den Spielen tauschen die Schüler ihre Eindrücke aus und beschreiben die Wirkung der Ich- und der Du-Botschaften. Folgende Fragen können das Gespräch strukturieren:
Was ist der Unterschied zwischen den Anweisungstypen 1 und 2?
Wie ist eine Ich-Aussage sprachlich aufgebaut?
Welche Wirkungen haben Ich- und Du-Botschaften?
Wird die weitere Entwicklung des Konflikts durch Ich-Botschaften anders beeinflusst als durch Du-Formulierungen?

Die Bestandteile einer Ich-Botschaft können nun zusätzlich erarbeitet und schriftlich festgehalten werden. Dies kann bei den folgenden Übungen als Hilfe dienen.

Mögliches Tafelbild:

Bestandteile einer Ich-Botschaft
- Formulierung des eigenen Gefühls (Reaktion):
  „Ich bin wütend …"
- Bezug zum Auslöser (Situation/Vorfall):
  „… darüber, dass du mir meinen Füller kaputt auf meinen Platz zurückgelegt hast …"
- Begründung: „… weil ich Ärger bekomme"
  Ausdruck der Erwartung/des Wunsches: „… und ich erwarte von dir, dass du ihn mir ersetzt."

Im Unterschied zu: „Du Idiot, dir kann man aber auch nichts in die Hand geben, alles zerstörst du"

In Kleingruppen soll nun das Formulieren von Ich-Botschaften eingeübt werden. Beispielsituationen können sein:

1. Deine Schwester leiht sich, ohne dich zu fragen, deine neue Hose.
2. Dein Freund kommt fast eine halbe Stunde zu spät zu eurer Verabredung.
3. Deine Mutter beschuldigt dich zu Unrecht, die Küche verdreckt zu haben.
4. Du hast das Gefühlt, dass zwei deiner Mitschüler hinter deinem Rücken schlecht über dich reden.
5. Beim Einsteigen in den Schulbus drängeln dich andere an die Seite.

---

4. Versteh mich doch endlich!

Lernziel:
Die Schüler sollen Verständnis dafür entwickeln, wieso man in Gesprächen oft aneinander vorbeiredet, und Möglichkeiten entdecken, sich verständlicher mitzuteilen.

Zeit:
45–90 Minuten

Material und Vorbereitung:
Schaubild

Einleitung und Durchführung:
Missverständnisse und Nicht-Verstehen gehören zum täglichen Leben, oft kommt das Gesagte anders an als gemeint. Das Modell der zwischenmenschlichen Kommunikation „Vier Seiten einer Nachricht", das der Psychologe Friedemann Schulz von Thun 1981 entwickelt hat, ist mittlerweile zum Klassiker unter den Kommunikationsmodellen geworden. Es besagt, dass Menschen nie einseitig kommunizieren, sondern mindestens vierseitig reden und hören.

Jede Nachricht enthält also vier Botschaften, sowohl aus der Sicht des Senders wie auch aus der Sicht des Empfängers. Das folgende Schaubild soll dies darstellen:

5. METHODENSAMMLUNG

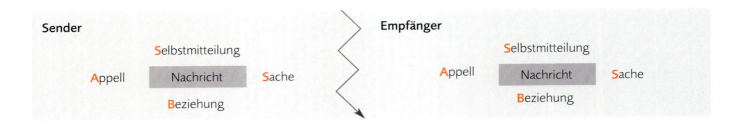

Das Merkwort heißt **B A S S**.

Beziehungsseite
Was ich von dir halte, wie ich zu dir stehe (z. B. „Ich freue mich auf dich.").

Appellseite
Was du tun sollst (z. B. „Räum dein Zimmer auf!").

Selbstmitteilung
Was ich von mir mitteile (z. B. „Ich bin glücklich.").

Sachseite
Worüber ich informiere (z. B. „Es regnet.").

Es ist am Anfang ziemlich kompliziert, die vier Seiten zu unterscheiden, mit etwas Training klappt das jedoch und hilft, sich verständlicher mitzuteilen und andere besser zu verstehen, vor allem in schwierigen Gesprächssituationen. Schwierig ist es immer dann, wenn Menschen nicht alle vier Seiten mitteilen, so dass der andere interpretieren und vermuten muss. Dies führt häufig zu Missverständnissen und zu dem Satz: „So habe ich das doch gar nicht gemeint ...".

Anhand des Schaubilds wird nun das Vier-Seiten-Modell besprochen. Es soll deutlich werden, wie Missverständnisse entstehen und was Auslöser für Konflikte sein können. Die Schüler sollen besprechen, wie das Kommunikationsverhalten zur Eskalation und zur Deeskalation in Konflikten beitragen kann.

Zur praktischen Erprobung des Modells bietet sich die folgende Übung an: Zunächst werden die folgenden Sätze nacheinander vorgelesen mit der Aufforderung an die Schüler, die Art der Mitteilung zu benennen.

Lehrer sagt: „Aus euch wird ja doch nie was werden."
Lehrerin sagt: „Schade, dass ich euch im kommenden Jahr nicht mehr unterrichte."
Schwester sagt: „Findest du nicht, dass du mehr lernen solltest?"
Vater kommt von der Arbeit, schaut in den Kühlschrank und sagt: „Es ist ja gar nichts zu essen da."
Mutter sagt: „Kinder, meine Brille ist verlegt worden."
Max ist mit Christian verabredet. Christian kommt zu spät. Max sagt: „Es ist schon viertel nach drei."

In der Diskussion wird klar, dass die Sätze nicht eindeutig zugeordnet werden können, dass es sehr unterschiedliche Wahrnehmungen und damit unterschiedliche Ergebnisse gibt. Es ist wichtig, darauf hinzuweisen, dass es hier kein Richtig oder Falsch geben kann.

Im nächsten Schritt sitzt die Gruppe im Stuhlkreis, in der Mitte stehen vier Stühle, auf denen vier Gruppenmitglieder freiwillig Platz nehmen. Jeder Stuhl repräsentiert eine Seite des Vier-Seiten-Modells: Beziehung, Appell, Selbstmitteilung, Sachinformation. Die sechs Sätze aus der ersten Übung werden wieder vorgelesen. Die Personen arbeiten zunächst den Aspekt der Nachricht heraus, der ihrem Stuhl entspricht: Die Person auf dem Beziehungsstuhl stellt den Beziehungsaspekt der Nachricht heraus, die auf dem Appellstuhl formuliert die Aufforderung, die in der Nachricht steckt, die Person auf dem Selbstmitteilungsstuhl sagt, was die Sätze über die redende Person ausdrücken und die Person auf dem Sachstuhl nennt den sachlichen Aspekt jeder Nachricht.

In Anschluss daran können Sie die Übung wiederholen und die Personen antworten jetzt aus der Seite heraus, die dem Stuhl, auf dem sie sitzen, entspricht: Diejenige auf dem Appellstuhl hat ausschließlich den Appell gehört und antwortet entsprechend, die auf dem Beziehungsstuhl hat vor allem etwas über sich gehört und reagiert darauf. Die Zuschauer helfen jeweils durch eigene Vorschläge.

Auswertung:
Die Schüler sollen sich überlegen, welche Seite sie bislang bei Gesprächen bevorzugen, welches also ihr Lieblingsohr ist, mit dem sie hören, und ihr Lieblingsmund, mit dem sie sprechen. Überlegen Sie gemeinsam, was man tun kann, um Missverständnisse zu vermeiden bzw. für Gesprächskomplikationen zu sensibilisieren.

---

5. Lass mich dein Spiegel sein

Lernziel:
Aktives Zuhören ist Voraussetzung für jede gelungene Kommunikation und Grundlage für Verständnis und Einfühlung in kritischen Situationen. Die Schüler erfahren, was gutes Zuhören ausmacht und trainieren die Fähigkeit, den Standpunkt des Gegenübers vor dem eigenen Reden bewusst anzuhören.

Zeit:
45 Minuten

Material und Vorbereitung:
ohne

Durchführung:
Zunächst sollte man sich auf grundlegende Gesprächsregeln einigen wie etwa die folgenden:
- Das Gespräch nicht unterbrechen.
- Blickkontakt halten.
- Dem Gesprächspartner die volle Aufmerksamkeit schenken.

Dann werden Dreiergruppen gebildet. Pro Gruppe gibt es zwei Personen, die miteinander sprechen, und eine, die beobachtet, auf die Einhaltung der Regeln achtet und die anderen gegebenenfalls daran erinnert. Der „Sender" (die erzählende Person) und der „Empfänger" (die zuhörende Person) sitzen sich als Paar gegenüber. Zwischen den einzelnen Gruppen sollte genügend Platz sein, so dass sie sich nicht gegenseitig stören. Nun wird allen Gruppen ein gemeinsames Thema gestellt, über das jeder etwas sagen kann, z. B. „Ich erkläre dir jetzt, warum ... mein Lieblingsfach ist."

Eine Person soll nun drei bis fünf Minuten lang zu diesem Thema sprechen. Die Partner haben die Aufgabe, sehr genau zuzuhören und das Gehörte gelegentlich mit eigenen Worten zusammenzufassen. Dabei achten sie darauf, auch Gefühle wiederzugeben, die sie bei der erzählenden Person wahrgenommen hat. Solche Wiedergaben könnten folgendermaßen beginnen: „Habe ich dich richtig verstanden, du meinst also, dass ...". Hilfreich sind auch Rückmeldungen wie „Du scheinst noch ganz durcheinander zu sein.", „Du strahlst ja richtig, wenn du von ... sprichst." Nötigenfalls wird die Darstellung korrigiert. Nach der vorgegebenen Zeit werden die Rollen gewechselt, so dass jedes Gruppenmitglied jede Rolle übernimmt.

Auswertung:
Die Gruppen tauschen sich zunächst intern darüber aus, wie sie das Zuhörerverhalten jeweils empfunden haben: „Es hat mir gut getan, als du ... Für das nächste Mal wünsche ich mir ... Es hätte mir geholfen, wenn du ..."
Die Auswertung im Plenum kann sich an den folgenden Fragen orientieren: Welche Wirkung hat das reflektierende Zuhören auf die Erzählenden? Kann man es auch außerhalb der Klasse anwenden? Wie leicht ist es gefallen, jemandem in dieser strengen Struktur etwas zu erzählen?

5. METHODENSAMMLUNG

KOMPETENZ: KOOPERATIONSFÄHIGKEIT

Methoden:
1. Wenn Stifte tanzen
2. A bis Z (Bis 20 zählen)
3. Das soziale Netz
4. Wir sind Buddys
5. Den Stab ablegen
6. Bau einer Eierauffangmaschine
7. Teamcheck

---

1. Wenn Stifte tanzen

Lernziel:
Diese Übung will die Fähigkeit spielerisch schulen, den Fokus weg von sich und hin zu einem Partner zu lenken. Beide Spieler bewegen sich dabei gemeinsam durch den Raum. Wechselseitig wird mal die Führung übernommen, mal auf den Partner reagiert.

Zeit:
ca. 15 Minuten

Material und Vorbereitung:
ausreichend Stifte, z. B. Bleistifte

Durchführung:
Jeweils zwei Spieler stehen einander gegenüber und halten einen Stift zwischen den Kuppen ihrer Zeigefinger gespannt. Aufgabe ist es, sich durch den Raum zu bewegen, ohne dass der Stift herunterfällt. Die Spieler dürfen nicht miteinander reden. Je extremer und gewagter die Bewegungen sind, umso mehr Spaß macht es.

Auswertung:
Sind die einzelnen Paare gut miteinander klargekommen? Ist ihnen ein Miteinander gelungen oder war es eher ein Gegeneinander? Woran lag das? War die Führung ungleich verteilt oder wechselte sie gerecht? Ist es leicht gefallen, sich auf den anderen einzustellen?

---

2. A bis Z (Bis 20 zählen)

Lernziel:
Auf andere zu achten und harmonisch mit ihnen zusammenzuarbeiten sind die Ziele dieses Spiels.

5. METHODENSAMMLUNG

Zeit:
15–30 Minuten

Material und Vorbereitung:
Sitzkreis

Durchführung:
Alle sitzen im Kreis und haben die Augen geschlossen. Ein Teilnehmer startet und beginnt das Alphabet bei A. Die anderen müssen nun das gesamte Alphabet ohne Lücke bis Z durchzählen, ohne dass ein Buchstabe von zweien oder mehreren gleichzeitig genannt wird. Es gibt noch eine Einschränkung: Es darf nie der direkte Nachbar den nächsten Buchstaben nennen. Bei jedem Fehler wird durch den Starter wieder von vorne bei A begonnen – so kann es sein, dass die Gruppe viele Anläufe braucht, bis sie sich als homogen und aufeinander eingestimmt erweist. Alternativ kann auch von 1 bis 20 durchgezählt werden. Die Regeln sind ansonsten gleich.

Auswertung:
Wie hat die Teamarbeit funktioniert? Haben sich die Teilnehmer eher abwartend verhalten oder die schnelle Lösung gesucht? Gab es einzelne, die immer wieder „vorlaut" waren, oder andere, die gar nichts gesagt haben? Welche Gefühle haben die Mitspieler während des Spiels bei sich wahrgenommen?

---

3. Das soziale Netz (Spinnennetz)

Lernziel:
Die Teilnehmer lernen, dass sie miteinander verbunden sind und miteinander arbeiten und handeln können, ohne die Verbindung zueinander zu verlieren.

Zeit:
45 Minuten

Material und Vorbereitung:
Wollknäuel, Schere, gegebenenfalls themenbezogene Fragen (die in der Anleitung angegebenen Fragen sind nur als Beispiele zu verstehen und können nach den Bedingungen der eigenen Gruppe verändert werden)

Durchführung:
Die Gruppe sitzt oder steht im Kreis. Die Lehrkraft hält das Wollknäuel in der Hand und stellt sich vor, indem sie folgende Fragen beantwortet:
Aus welcher Klasse komme ich?
Was wünsche ich mir für dieses Schuljahr?
Was brauche ich, um diese Wünsche erfüllen zu können?

Anschließend wickelt sie sich ein Stück des Fadens um das linke Handgelenk, wirft das Knäuel jemandem zu, den sie nicht gut kennt, und bittet den Schüler, die gleichen Fragen zu beantworten. Diese Person wickelt den Faden um ihr Handgelenk, antwortet und wirft weiter. Die Übung ist beendet, wenn alle am Netz hängen und das Knäuel wieder bei der Lehrkraft angekommen ist. Nun kann man das Netz gemeinsam auf dem Boden ablegen.

5. METHODENSAMMLUNG

Auswertung:

Wenn alle am Netz hängen, ergibt sich die Frage, was das entstandene Gebilde aussagt. Es wird schnell deutlich, dass das Netz symbolisch für das Miteinander der Gruppe steht, die genannten Ziele werden von den Schülern im Gespräch genannt. Nach Ablegen des Netzes auf dem Boden werden die Äußerungen aus der Gruppe gesammelt. Jeder kann sich ein Stück des Fadens als Symbol für seine Zugehörigkeit abschneiden und verwahren.

Fragen danach, wie es sich anfühlt, Teil dieses Netzes zu sein, ob es anstrengend, unangenehm, angenehm, heimelig ist, können sich anschließen. Niemand sollte veranlasst werden, etwas zu sagen; man kann darauf vertrauen, dass die Übung in der einzelnen Person wirkt. Auch Kommentare und Wertungen werden nicht zugelassen. Auf die Einhaltung dieser Regel muss unbedingt geachtet werden, wobei die Regel erst benannt wird, wenn es notwendig wird, ohne den Regelverstoß zu bewerten bzw. zu ahnden.

4. Wir sind Buddys

Lernziel:
Die Übung zur Gruppenfindung, die eine Atmosphäre von Gemeinsamkeit und Zuversicht schafft, eignet sich als Einstiegsritual einer Buddy-Gruppe. Die Schüler erfahren dadurch Sicherheit in ihrer Gruppe. Wenn die Netze sicher sind, kann man gut kooperieren und andere bei Bedarf auffangen.

Zeit:
ca. 20 Minuten

Material und Vorbereitung:
Wollknäuel mit strapazierfähiger Wolle oder eine Rolle mit fester Schnur, Schlachtruf ausdenken

Durchführung:
Die Gruppe stellt sich in einen engen Kreis. Der Schüler Anton nimmt das Wollknäuel, hält das Ende fest, wirft die sich abwickelnde Rolle der Schülerin Berta gegenüber zu und ruft: „Buddy Anton ruft Buddy Berta – bist du auf Zack?" Berta fängt das Wollknäuel, hält den Faden fest in der Hand und wirft das Knäuel weiter, mit den Worten: „Buddy Berta und Buddy Anton rufen Buddy Cäsar – bist du wach?" So wird das Knäuel weitergereicht. Es entsteht schnell ein Netz, das alle Mitglieder der Gruppe miteinander verbindet. Wenn das Knäuel abgewickelt ist, halten alle an der Schnur fest und ziehen das Netz leicht hin und her, bis es gleichmäßig ist. Ist das geglückt, rufen alle gemeinsam einen selbst gewählten Schlachtruf.
Danach geht das Wollknäuel wieder rückwärts, wird von den Einzelnen, die nun eine Hand freihaben, wieder aufgerollt und weiter geworfen, mit den Worten: „Buddy Dora, Buddy Emil und Buddy Friedrich übergeben an Buddy Gustav!" usw. Wenn das Wollknäuel immer über die Schnur geworfen wird, kann es dabei auch keine Verhedderung geben.

Auswertung:
Wie haben sich die Buddys gefühlt? Ist es durchgängig gelungen, das Knäuel am Laufen zu halten?

5. METHODENSAMMLUNG

5. Den Stab ablegen

Lernziel:
Die Probleme der Kooperation in einer Gruppe und die Dynamik von Gruppenprozessen sollen deutlich werden.

Zeit:
ca. 15 Minuten

Material und Vorbereitung:
langer, schmaler Stab oder Zollstock

Durchführung:
Die Teilnehmer bilden zwei gleich große Gruppen und stellen sich in einer Reihe jeweils gegenüber auf. Alle strecken die Zeigefinger so vor, dass ein Stab darauf gelegt werden kann. Die Aufgabe ist es nun, den Kontakt zu diesem Stab fortwährend zu halten und ihn gemeinsam auf den Boden zu legen. Wenn die Gruppe sich verständigt und koordiniert vorgeht, gelingt ihr diese Übung. Ansonsten geht der Stab nach oben weg oder fällt.

Auswertung:
Hat das Ablegen gut funktioniert? Was war beim zweiten Versuch anders als beim ersten und was hat zum Gelingen geführt?

5. METHODENSAMMLUNG

6. Bau einer Eierauffangmaschine

Lernziel:
Die Schüler lernen die Bedeutung von Teamarbeit kennen und kooperieren auf eine sehr kreative Weise miteinander. Sie erleben den positiven Effekt, der sich einstellt, wenn man als Team gemeinsam etwas schafft.

Zeit:
45 Minuten

Material und Vorbereitung:
pro Gruppe (3–5 Mitspieler) drei stabile Plakat- oder Fotokartons, Scheren, Klebeband, Tacker, ein rohes Ei, gelbe Säcke

Durchführung:
Die Schüler werden in Gruppen von drei bis fünf Personen eingeteilt und erhalten die Anweisung, innerhalb von 30 Minuten eine „Eierauffangmaschine" zu bauen. Dabei werden keinerlei Vorgaben gemacht – außer dass die Maschine selbstständig, ohne Hilfe stehen muss.
Jede Gruppe erhält drei Kartons, Scheren, Tacker und Klebeband und beginnt mit der Konstruktion. Nach 30 Minuten führen alle Gruppen ihre Maschinen vor. Aus zwei Meter Höhe wird von einem Mitglied der Gruppe ein rohes Ei in die Maschine fallen gelassen. Fängt die Maschine das Ei auf, ohne dass es zerbricht, ist die Konstruktion gelungen. Zerbricht das Ei, was selten vorkommt, hatten zumindest alle ihren Spaß beim gemeinsamen Agieren … Für den Fall, dass in der Aufregung doch mal ein Ei danebenfällt, sollte man gelbe Säcke unter die Maschinen legen.

Auswertung:
Rekonstruieren Sie, wie die Maschine in der Gruppenarbeit entstand. Wie war der Verlauf der gemeinsamen Arbeit, was ist in den einzelnen Gruppen besonders gut gelungen?

7. Teamcheck

Lernziel:
In dieser Übung geht es darum, zu erkennen, dass es sowohl individuelle und persönliche Prägungen als auch verbindende Eigenschaften und Meinungen in der Gruppe gibt.
Die Kenntnis der Einstellungen und Fähigkeiten anderer ist für die Zusammenarbeit in einer Gruppe oder Klasse von großer Bedeutung.

Zeit:
ca. 30–45 Minuten

Material und Vorbereitung:
Kopien der Arbeitsblätter „Teamcheck", ein langes Lineal oder viele längere Wollfäden bzw. Kordelstücke, dazu Stecknadeln

Durchführung:
Jeder Jugendliche erhält ein Arbeitsblatt und beantwortet die drei Fragen. Dann werden zum Teamcheck alle Blätter nebeneinander dicht an dicht an einer Wand befestigt. Jeder schaut sich die Angaben der anderen genau an. Wer zu einer Frage eine gleiche oder ähnliche Angabe gefunden hat, verbindet diese mit seiner eigenen, indem er entweder mit einem langen Lineal einen Strich zwischen den Blättern zieht oder eine Kordel, mit Stecknadeln gehalten, zwischen den Angaben spannt. So ergibt sich schnell ein Netz, das Gemeinsamkeiten und Unterschiede deutlich zu Tage treten lässt.

Auswertung:
Wurden Übereinstimmungen auch dort gefunden, wo man sie vielleicht gar nicht vermutet hätte? Gab es Meinungen, die niemand sonst teilte? Wer von den Mitschülern hat euch am meisten überrascht? Worin lagen die Unterschiede zwischen Angaben, die von vielen, und solchen, die von niemandem sonst geteilt wurden?

5. METHODENSAMMLUNG

Übung Teamcheck: Arbeitsblatt

Name

Das macht mich froh, lustig, glücklich

Das enttäuscht mich, macht mich traurig

Das mache ich, wenn ich verzweifelt bin

Kopiervorlage

5. METHODENSAMMLUNG

KOMPETENZ: LERNKOMPETENZ

Methoden:
1. Ideensprint
2. Mind Map
3. Loci-Methode
4. Chef für eine Aufgabe
5. Tandemlernen
6. Lernen durch Lehren

---

1. Ideensprint

Lernziel:
Kreative gemeinsame Lösungssuche mittels Brainstorming, die die Expertenschaft der Teilnehmer in den Mittelpunkt rückt.

Zeit:
30–45 Minuten

Material und Vorbereitung:
ohne

Durchführung:
Zu Beginn des Ideensprints werden Kleingruppen von vier bis sechs Teilnehmern gebildet. Die Kleingruppen arbeiten als Teams zusammen und befinden sich im Verlauf des Ideensprints mit den anderen Teams in einem Wettbewerb. Ziel ist es, möglichst schnell zehn Ideen für eine Frage- oder Problemstellung zu finden. Das kann beispielsweise das Ziel der nächsten Klassenreise sein oder Vorschläge zur Verbesserung des Klassenklimas. Die Ideen werden in Stichworten notiert. Hat ein Team zehn Ideen gefunden, löst es das zuvor vereinbarte Stopp-Zeichen aus (z. B. Rufen, Klatschen oder eine Glocke läuten). Nach dem Stopp-Signal müssen alle anderen Teams auch mit ihrer Ideensammlung aufhören. Dann beginnt die Auswertung. Die Teams können für ihre Ideen Punkte sammeln. Für jede Idee, die ein Team hat, bekommt es einen Punkt, wenn auch andere Teams dieselbe Idee hatten. Mit drei Punkten werden Ideen bewertet, die einmalig sind, also nur einer Gruppe eingefallen sind. Durch Punkteauszählung wird das Gewinnerteam ermittelt.

Auswertung:
Danach sollte ein gemeinsamer Blick auf die gefundenen Ideen geworfen werden. Die Trainingsgruppe (Klasse) kann dann einzelne Konzepte oder Themen noch intensiver bearbeiten. Wichtig ist es, den Schülern nicht die Entscheidung über Problemlösungswege abzunehmen, denn die Gruppe soll selbstständig eine konstruktive Lösung finden.

5. METHODENSAMMLUNG

2. Mind Map

Lernziel:
Ein Mind Map, also eine Gedächtniskarte, ist eine kreative Methode bzw. Darstellungsart zur Ordnung von Gedanken und Inhalten. Anhand einer Begriffshierarchie lernt man, bestimmte Themen und Stoffe nach Oberbegriffen bzw. Schlüsselwörtern zu gliedern. Das kann bei der Vorbereitung auf eine Klassenarbeit oder zur Textanalyse ebenso angewendet werden wie bei der Vorbereitung eines Projekts.

Zeit:
15–30 Minuten

Material und Vorbereitung:
DIN-A3-Papier, Stifte

Durchführung:
In die Mitte eines leeren Blatts wird das jeweilige Hauptthema oder der Kernbegriff geschrieben. In freier Assoziation werden, eventuell auf einem Extrablatt, Ideen und Begriffe dazu gesammelt. Daraus werden Schlüsselwörter bzw. Oberbegriffe entwickelt. Sie bilden die Hauptäste. Alle Ideen werden übernommen, indem die Baumstruktur weiterverfolgt wird und Zweige und Nebenäste aufgezeigt werden. Für gefundene Beispiele können Stichwörter oder Symbole am Ende der Verzweigungen stehen. Fällt einem nichts Konkretes ein, kann man notfalls einen Hauptast mit der Bezeichnung „Sonstiges" aufmachen.

Auswertung:
Gelang es spontan oder war es schwierig, Oberbegriffe und Untergliederungen zu finden? Mit etwas Übung kommen meistens gute Einfälle.

3. Loci-Methode

Lernziel:
Mittels der Loci-Methode kann man sich Vorgänge, Zusammenhänge, Fakten, Zahlen usw. sinnvoll und effektiv einteilen und im Gedächtnis behalten.

Zeit:
ca. 30 Minuten

Material und Vorbereitung:
DIN-A3-Papier, Stifte

Durchführung:
Für jeden zu merkenden Begriff wird ein Platz an einem bekannten Ort, etwa dem eigenen Zimmer oder Haus, assoziiert. Anhand eines Gedächtnis-Spaziergangs durch das Haus kann man sich so z. B. den Aufbau eines Textes oder eines Vortrags merken. Dabei entspricht beispielsweise die Tür zum Haus der Einleitung eines Textes, das Treppengeländer ist der erste Punkt einer Rede, das Sofa das Ende. Die einzelnen Verknüpfungen werden dann auf freiwilliger Basis der Gruppe vorgestellt.

Auswertung:
Ist es den Schülern schwer gefallen, sich Wege zu überlegen? Nach einigen Versuchen haben die meisten große Freude daran, ausdifferenzierte Zusammenhänge zu kombinieren.

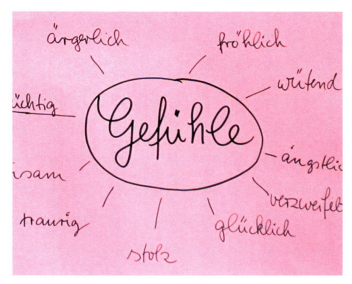

5. METHODENSAMMLUNG

4. Chef für eine Aufgabe

Lernziel:
Jeder Schüler ist für eine bestimmte Aufgabe verantwortlicher Experte oder Chef und kann in diesem Bereich etwas besser als die anderen. In der Komplexität der Aufgabe liegt eine große Chance im Hinblick auf die Wirkung auf Schüler. Zum einen schafft die explizite Verantwortungsübernahme bei jedem Schüler einen individuellen Lerneffekt. Das Chefprinzip hat den Vorteil, dass auch leistungsschwächere Kinder motiviert werden durch die Übernahme von Verantwortung. Es ist für sie eine neue Erfahrung, wenn die besten Schüler der Klasse ihnen ihre Arbeit zur Überprüfung vorlegen. Darüber hinaus wird hier die Wirkung des Peer-Learnings, sprich der besondere Vorteil der Wissensvermittlung und des Lernens in Gleichaltrigengruppen, genutzt. Die Schüler agieren in unterschiedlichen Rollen sehr eng miteinander. Dies fördert das Sozialgefüge in der Klasse und schafft empathisches Verständnis auch für die Rolle des Lehrers. Die Methode stärkt außerdem das gegenseitige Vertrauen in der Klassengemeinschaft.

Zeit:
Für die Bearbeitung sollte ein längerer zusammenhängender Zeitraum, mindestes eine Doppelstunde, zur Verfügung stehen.

Material und Vorbereitung:
Der Fachlehrer eines beliebigen Unterrichtsfachs teilt die Lehrinhalte in einzelne Aufgaben auf. Die Anzahl der Aufgaben muss der Anzahl der Schüler in der Klasse entsprechen. Jede einzelne Aufgabe wird dann einem Schüler als Verantwortlichem übertragen. Der Lehrer bearbeitet in der Folge mit jedem Schüler seine Aufgabe, bis dieser die Sicherheit hat, die Ergebnisse der Aufgabe überprüfen zu können und den anderen Schülern, die diese Aufgabe lösen müssen, Hilfestellung beim Lösungsweg geben zu können. Der jeweilige Schüler ist dann Chef für diese Aufgabe.

Durchführung:
Im Klassenraum werden kleine Fächer für alle Schüler aufgestellt. In jedem Fach sind alle Aufgaben des Themas als Aufgabenblatt für die Schüler hinterlegt. Auf dem Aufgabenblatt ist auch der Schüler verzeichnet, der Chef für diese Aufgabe ist. In der Folge sollen alle Schüler die Lerninhalte erfassen und die Aufgaben lösen. Als Ansprechpartner stehen nur die jeweiligen Chefs der Aufgaben zur Verfügung. Mit ihnen wird die Lösung jeder Aufgabe besprochen. Die Aufgabe gilt als erledigt, wenn der Chef der Aufgabe die Richtigkeit der Lösung bzw. des Lösungswegs bestätigt.
Bei Unklarheiten und Rückfragen können sich die Aufgaben-Chefs immer an den Lehrer wenden, der den kompletten Prozess begleitet.

Wirkung der Methode auf Schüler: Diese innovative und komplexe Methode ist für Schüler eine große Herausforderung, da sie mehrere verschiedene Rollen und Aufgaben haben. In der Vorbereitungsphase müssen sie (mit Hilfe des Lehrers) „ihre" Aufgabe durchdringen und Selbstsicherheit gewinnen. In der Durchführungsphase müssen sie einerseits selbst kompetent beraten und urteilen, andererseits sich mit ihren Klassenkameraden auseinandersetzen und sie als Chefs der Aufgaben akzeptieren. Hinzu kommt zu entscheiden, wann die Hilfe des Lehrers in Anspruch genommen wird.

Die Rolle des Lehrers: Für den Lehrer bedeutet die Methode „Chef für eine Aufgabe" am Anfang einen höheren organisatorischen Aufwand. In der Umsetzungsphase ändert sich dann aber seine Rolle schlagartig; er ist dann der Coach für die Aufgaben-Chefs. Darüber hinaus muss er aber auch immer den Gesamtprozess im Auge behalten.

Auswertung:
Die Schüler berichten von ihrem Erfahrungsgewinn in den verschiedenen Rollen. Der Lehrer kann in diesem Prozess die Schüler in ihren unterschiedlichen Rollen erleben, seine Beobachtungen aufzeichnen und sie in einer gemeinsamen Auswertung der Methode oder in Einzelgesprächen mit den Schülern besprechen. Die gemeinsame Reflexion sollte mit Überlegungen zur Fortsetzung und möglichen Verbesserungen dieser Vorgehensweise enden.

5. METHODENSAMMLUNG

5. Tandemlernen

Lernziel:
Zwei Lernende organisieren sich als Team, tauschen sich miteinander aus, lernen voneinander, sind auch auf einer emotionalen Ebene miteinander verbunden. Die Metapher des Tandems, also eines Fahrrads für zwei Personen, verdeutlicht das Lernziel gut: gemeinsam eine Wegstrecke hinter sich bringen, vorwärts kommen durch die vereinten Kräfte beider Partner. Dabei gilt der Grundsatz der Gegenseitigkeit: Beide geben und nehmen in gleichem Maße.

Zeit:
mehrere Stunden, möglichst über einen längeren Zeitraum

Material und Vorbereitung:
ohne

Durchführung:
In der Klasse werden jeweils zwei Schüler als Lernteam organisiert. Sie tauschen sich miteinander aus und lernen voneinander. Bei der Zusammensetzung der Paare ist darauf zu achten, dass die Schüler hinsichtlich der Kompetenzdifferenzen gut zusammenpassen. Im Unterschied zu Mentorenprogrammen sind Lernpartner von ihren Vorkenntnissen und ihrer Entwicklungsstufe her eher gleich fortgeschritten. Die zwei Personen sollten möglichst autonom über ihre Lernziele, Lerninhalte und Lernwege beim gegenseitigen Lernen entscheiden können. Den anderen als Lernpartner zu sehen heißt, miteinander zu lernen und zu handeln und sowohl Lernwege als auch Sinn und Bedeutungen immer wieder neu auszuhandeln. Dabei übernehmen die Partner in einem ständigen Wechsel die Rollen von Vermittelnden und Lernenden.

Prinzipiell kann das Tandemlernen in jedem Fach eingesetzt werden. Besonders geeignet ist die Methode im Sprachunterricht. Hier gibt es sehr viel Erfahrung mit dieser Methode. Die sprachliche Verständigung und das gemeinsame Handeln der Teilnehmer gehen dabei über reine Lernfortschritte hinaus und zielen auf gegenseitiges (kulturelles) Verstehen. Tandemlernen eignet sich auch zum intensiven selbstständigen Lernen in Ergänzung des Lernens im Unterricht.

Auswertung:
Sowohl in den Einzelteams als auch in der Gesamtgruppe wird Fazit gezogen: Was hat die Lernpartnerschaft den einzelnen Beteiligten gebracht? Wie hat die Zusammenarbeit funktioniert; waren beispielsweise „Spielregeln" notwendig, auf die sich die Partner geeinigt haben, damit beide in ähnlicher Weise profitieren?

5. METHODENSAMMLUNG

6. Lernen durch Lehren

Lernziel:
Lernen durch Lehren ist eine Unterrichtsmethode, in deren Rahmen Schüler den Unterricht mit Hilfe der Lehrkraft selbst vorbereiten und durchführen. Sie geht in Deutschland auf Jean-Pol Martin zurück. In Lerngruppen bewerten und priorisieren die Schüler Informationen und formen sie zu Wissen um. Bei der eigenen Konstruktion des Wissens ist intensive Kommunikation notwendig.

Zeit:
mehrere Unterrichtsstunden

Material und Vorbereitung:
Die Lehrkraft untergliedert den Unterrichtsstoff in Teilabschnitte und verteilt diese mit zeitlicher Vorgabe an Lerngruppen von maximal drei Schülern.

Durchführung:
Die Lerngruppen haben die Aufgabe, ihren jeweiligen Lernabschnitt den Mitschülern zu vermitteln. Dazu müssen sie den Stoff in seiner Komplexität durchdringen und ihn gut strukturiert und unter Umständen vereinfacht erläutern.

Die Präsentation des Lernstoffs vor der Klasse sollte 20 Minuten nicht überschreiten. Danach ist die nächste Gruppe mit der Vorstellung ihrer Unterrichtssequenz an der Reihe. Die Inhalte sollte auf möglichst unterhaltsame Weise vorgetragen werden. Während der didaktischen Aufbereitung sollen die Schüler darauf achten, Spannung und Varianz in den Sozialformen einzubauen, etwa in Form von Übungen, kurzer Partnerarbeit oder durch aktivierende Techniken.

Im Unterschied zu Referaten und Präsentationen vergewissern sich die Schüler bei diesen selbstgestalteten Lerneinheiten ständig, dass ihre Erläuterungen verstanden werden. Das kann durch Nachfragen, durch kurzes Zusammenfassen lassen oder durch eine kleine Prüfung geschehen.

Die Lehrkraft steht den einzelnen Gruppen während des gesamten Lehrprozesses beratend und unterstützend zur Seite, sowohl bei der Vorbereitung als auch bei der Vermittlung der Inhalte.

Auswertung:
Nach einer solchen Unterrichtssequenz steht die Reflexion der angewendeten Techniken an. Alle überlegen gemeinsam, ob und wie man die Qualität des von ihnen gestalteten Unterrichts noch verbessern kann.

5. METHODENSAMMLUNG

KOMPETENZ: REFLEXIONSFÄHIGKEIT

Methoden:
1. Feedback
2. Erzähle mir von dir
3. Mein Feind und ich
4. Die ganze Orange

---

1. Feedback

Lernziel:
Anderen Rückmeldungen geben und selbst Feedback annehmen ist notwendig für eine konstruktive Kommunikation. Über die Fremdwahrnehmung kann man Rückschlüsse auf eigene Stärken und Schwächen ziehen und dadurch die Reflexionsfähigkeit schulen.

Zeit:
ca. 30 Minuten

Material und Vorbereitung:
Stuhlkreis

Durchführung:
Es wird ein Stuhlkreis gebildet. Ein Gruppenmitglied meldet sich freiwillig und setzt sich mit einem Stuhl in den Kreis. Nun werden die anderen angehalten, zur Person in der Mitte etwas Positives zu sagen („Ich finde an dir gut, dass …"). Mehrmalige Durchgänge mit unterschiedlichen Personen folgen. Eventuell lässt sich diese Übung in der Klasse sogar institutionalisieren. Wenn die Klasse eine verantwortungsvolle Art des Umgangs miteinander pflegt, lässt sich die Übung auch erweitern: „Mich ärgert an dir, dass …" oder „Ich mag es nicht, wenn du …". Allerdings gelten dabei folgende Regeln:

- Zuerst etwas Positives (persönlich formulieren).
- Dann erst etwas Negatives (persönlich formulieren).
- Im Anschluss daran sollte ein Wunsch formuliert werden: Ich wünsche mir von dir …
- Worte wie „immer" oder „nie" dürfen nicht verwendet werden („Immer nimmst du andern das Mäppchen weg!").

Auswertung:
In der Auswertungsrunde kommen alle zu Wort und beschreiben, wie die Botschaften bei ihnen angekommen sind.

---

2. Erzähle mir von dir

Lernziel:
Erhöhung der Selbstwahrnehmung und Reflexionsfähigkeit, Gemeinsamkeiten mit anderen entdecken, Unterschiede erfahren, um andere einschätzen und mit ihnen kooperieren zu können

Zeit:
ca. 45 Minuten

Material und Vorbereitung:
Themenkärtchen

Durchführung:
Mit dieser Übung können die Teilnehmer herausfinden, welche Unterschiede es zwischen ihnen gibt und wo sie Gemeinsamkeiten haben. Die Lehrkraft nennt Begriffe, z. B. „Hobby". Dazu gibt es Untergruppen, z. B. Sport, Musik usw. Für jede dieser Untergruppen steht eine Ecke des Raumes zur Verfügung. Die Schüler gehen in die für sie passende Ecke und tauschen sich dann pro Thema drei Minuten lang über folgende Fragen aus:
- Was gefällt mir daran?
- Was gefällt mir daran nicht?
- Was wünschte ich mir?

Da es bei der Arbeit mit Gruppen sehr wichtig ist, Sicherheit zu schaffen, ist es sinnvoll, neben dem Thema und der geplanten Arbeitszeit vorzugeben, welche Person anfängt (z. B. „Die Person in der Gruppe mit den längsten Haaren beginnt zu erzählen."). Dadurch vermeidet man, dass in den Gruppen aus Unsicherheit Unruhe und Gerangel entstehen.

5. METHODENSAMMLUNG

Beispiele für die Raumaufteilung:
(Diese Beispiele sind nicht zwingend, sie können je nach Klasse, Alter der Beteiligten und Interessen variiert werden).

Sport	Musik
Hobby	
Tiere	Sonstiges

Türkei	Italien
Das Land meiner Eltern	
Deutschland	Sonstiges

Einzelkind	1 Geschwister
Geschwister	
2 Geschwister	mehr

Meer	Berge
Lieblingslandschaft	
Wiesen, Felder	Sonstige

Deutsch	Mathematik
Lieblingsfach	
Erdkunde	Sonstige

Deutschland	Spanien
Wo ich die Ferien verbracht habe	
Österreich	Sonstige

Auswertung:

Die Frage „Was glaubt ihr, warum wir diese Übung gemacht haben?" sollte am Anfang der Auswertung stehen; sie kann ergänzt werden durch die Frage, was wir mit dieser Übung für uns selbst und für das Zusammenleben in der Klasse gewinnen konnten. Wichtig ist, dass die Antworten nicht gewertet werden, jede Antwort bleibt unkommentiert stehen, selbst wenn einzelne sagen, sie habe ihnen nichts gebracht. Das Prinzip der Freiwilligkeit und der Allparteilichkeit ist die Grundlage, auf der die Arbeit stattfindet.

Anschließend kann der Frage nachgegangen werden, wer etwas Neues über einzelne Schüler in der Klasse erfahren hat. Die Beispiele neuer Erfahrungen werden gesammelt. Ein Klassengespräch über mögliche Vorteile, sich in häufig wechselnden Kleingruppen über bestimmte Themen auszutauschen, schließt sich an.

3. Mein Feind und ich

Lernziel:
Training von Einfühlungsvermögen und Reflektion des eigenen Verhaltens. Die Übung dient dazu, zwischen Person und Problem zu unterscheiden und sich und andere wertzuschätzen.

Zeit:
45 Minuten

Material und Vorbereitung:
Karteikarten, Stifte

Durchführung:
Im Rahmen des Themas „Konflikte und Konfliktverhalten" sollen sich die Schüler im Stillen eine Person vorstellen, mit der sie derzeit die größten Probleme haben. Dann schreiben sie auf die Vorderseite einer Karteikarte drei Eigenschaften, die an dieser Person stören bzw. die sie an ihr ablehnen. Auf die Rückseite der Karteikarte schreibt man drei Eigenschaften, die man an sich selbst positiv findet.
Nun werden die Schüler gebeten, die negativen Eigenschaften nochmals still für sich durchzugehen unter der Arbeitshypothese: „Wenn ich es genau betrachte, trifft eine der drei Eigenschaften auch auf mich selbst zu." Auch ihre positiven Nennungen lesen sie und überlegen sich dazu: „Mindestens eine dieser Eigenschaften trifft auch auf meinen „Feind" zu." Die Schüler brauchen hiernach etwas Zeit, um ihre Erkenntnisse zu verarbeiten.

Auswertung:
Wer möchte, kann sich vor der Gruppe zu seinen Erfahrungen äußern. Notwendig ist das bei dieser Übung allerdings nicht, sie wirkt ohnehin in den Teilnehmern weiter. Weisen Sie darauf hin, dass das, was einen an anderen stört, oft auch etwas mit einem selbst zu tun hat und dass sich durch diese Übung möglicherweise das Verhältnis zu der besagten Person verbessert.

4. Die ganze Orange

Lernziel:
Die Schüler lernen, verschiedene Bedürfnisse und Positionen zu reflektieren, in Konflikten konstruktiv miteinander umzugehen und verschiedene Konfliktausgänge nachzuvollziehen. Dazu müssen sie erkennen, dass hinter einer Position, die jemand einnimmt, bestimmte Bedürfnisse stecken.

Zeit:
45 Minuten

Material und Vorbereitung:
ohne Materialien

Durchführung:
Nach dem Erzählen der Geschichte durch die Spielleitung sollen die Teilnehmer die Idee, die dahinter steckt, erkennen und formulieren.
>> Zwei Schwestern sind in der Küche und streiten sich heftig um die letzte Orange, die in der Obstschale liegt. Die Auseinandersetzung wird immer lautstärker, solange bis die Mutter, die in Ruhe ein Buch lesen wollte, auf der Bildfläche erscheint und sich einmischt. Sie nimmt die Orange, schneidet sie in zwei gleich große Hälften und teilt jeder Tochter eine zu. Nun holt die erste Tochter, die einen Kuchen backen will, eine Reibe und reibt die Schale ab, um ihrem Kuchen das im Rezept ausgewiesene Aroma zu geben. Das Fruchtfleisch legt sie zur Seite, da sie keinen Appetit auf Obst hat. Die andere Schwester schält ihre Hälfte säuberlich ab und isst genüsslich das Fruchtfleisch auf.<<

Auswertung:
Die Frage, wie die beiden Schwestern den Konflikt hätten selbst austragen können, ohne dass die Mutter als Autorität hätte eingreifen müssen, führt zu einem Gespräch über Bedürfnisse und Positionen. Die Möglichkeiten für eine gelungene Kommunikation in Konfliktsituationen steigt in dem Maße, wie ich bereit bin, über die tatsächlichen Bedürfnisse zu reden, die hinter meiner Position stehen („Ich habe ein Recht auf die Orange, da ich zuerst ..."). Es soll erkannt werden, dass eine destruktive Konfliktbearbeitung auf der Ebene stehen

5. METHODENSAMMLUNG

bleibt, auf der Positionen vertreten bzw. angegriffen werden, Konflikte nur scheinbar beendet werden durch das Eingreifen Stärkerer, wobei der Konflikt weiterschwelt und zu gegebener Zeit wieder aufbricht. In unserem Beispiel haben zwar beide Schwestern für den Moment, was sie wollen, der Ärger über die andere wird jedoch gehortet und trägt unter Umständen dazu bei, einen nächsten Konflikt zu verstärken oder zu forcieren. Das Abfragen von Bedürfnissen, die hinter den Positionen stehen, führt dagegen vom Angriff gegen die anderen zum Reden über das Problem bzw. über mich selbst. Im Unterrichtsgespräch könnte folgendes Tafelbild entstehen:

Positionen
- sind Standpunkte, die ich durchsetzen will
- müssen zwingenden Charakter haben (bzw. so erscheinen)
- werden verteidigt, umkämpft, angegriffen (Verhärtung!)
- werden starrer, je länger ein Konflikt anhält

Bedürfnisse
- liegen jeder Position zu Grunde
- geraten häufig in Konflikten in Vergessenheit
- können sowohl materiell wie emotional sein
- sollen nicht bewertet, sondern ergründet werden

Positionen zu hinterfragen, um auf die zugrunde liegenden Bedürfnisse zu kommen, führt vom Angriff auf andere zum Reden über mich selbst.

5. METHODENSAMMLUNG

KOMPETENZ: KONFLIKTFÄHIGKEIT

Methoden:
1. Problemlandkarte
2. Konfliktlandschaft
3. Streit-Teppich
4. Eisbergmodell
5. Konfliktmoderation in der Klasse
6. Buddy-Schlichtung

---

1. Problemlandkarte

Lernziel:
Das Herausarbeiten aktueller Konflikte in der Klasse.

Zeit:
60–90 Minuten

Material und Vorbereitung:
Karteikarten, Packpapierbogen, Kleber, Stifte

Durchführung:
In Kleingruppen werden Problem- und Konfliktpunkte, die in der letzten Zeit in der Gruppe auftraten, benannt und auf Karteikärtchen geschrieben. Die Kärtchen werden auf dem Packpapierbogen ausgelegt und alle Gruppen erklären ihre Punkte. Nun werden die Kärtchen mit gleichen oder ähnlichen Problemen zusammengelegt, aufgeklebt und mit Oberbegriffen beschriftet. Die Problemlandkarte wird in der Klasse aufgehängt.

Um die Problembereiche in eine Reihenfolge zu bringen, schreibt dann jeder das als am wichtigsten empfundene Problem auf eine Karteikarte. In Dreiergruppen wird die Wahl vorgestellt und begründet. Die Gruppe soll sich möglichst auf einen Problembereich einigen. Anschließend finden sich je zwei Dreier- zu einer Sechsergruppe zusammen, die sich nun wiederum auf einen Konflikt einigen soll. Das Ergebnis wird in der Gesamtgruppe vorgestellt, die dann versucht, einen Konsens hinsichtlich der weiteren Vorgehensweise zu finden. Die Reihenfolge der Probleme wird neben der Problemlandkarte aufgehängt.

Auswertung:
Wichtig ist, den Prozess der Entscheidungsfindung nachzuvollziehen und darzustellen. An den gefundenen Konflikten kann mit entsprechenden Übungen weitergearbeitet werden. Die folgende Übung ist eine ähnliche Variante der Konfliktermittlung.

---

2. Konfliktlandschaft

Lernziel:
Konflikte im schulischen Alltag bewusst wahrnehmen und thematisieren.

Zeit:
ca. 45–60 Minuten

Material und Vorbereitung:
Stuhlkreis, Karteikarten

Durchführung:
Die Schüler notieren in Stichworten auf Karteikarten einen selbst erlebten Konflikt. Als Hilfestellung dienen Fragestellungen, die zuvor an die Tafel, auf ein Plakat oder eine Folie geschrieben werden:
- Worum ging es bei dem Konflikt?
- Wer war daran beteiligt?
- Wann und wo hat sich das Ereignis zugetragen?
- Warum taten die Beteiligten was?
- Ist der Konflikt gelöst worden?

Zusätzlich geben die Schüler ihrer Karteikarte eine Überschrift bzw. einen Titel. Dann werden die Karten in die Mitte des Stuhlkreises gelegt. Diese „Landschaft" wird zunächst unkommentiert betrachtet, alle sollen ausreichend Zeit haben, die verschiedenen Konflikterfahrungen zu lesen und zu verstehen.

5. METHODENSAMMLUNG

Schließlich wird zusammen erarbeitet, was die Konflikte gemeinsam haben und welche Gründe dafür angeführt wurden. Die Antworten werden in Stichworten festgehalten und in die Mitte der Landschaft gelegt.

Auswertung:
Im Plenum sollte ein Austausch über typische Konflikte stattfinden. Sammeln Sie Vorschläge dazu, was helfen kann, sich zu einigen.

---

3. Streit-Teppich

Lernziel:
Der Streit-Teppich ist ein Mittel, einen Streit zu bearbeiten. Streiten zwei oder mehrere Schüler einer Klasse, werden sie gefragt, ob sie diesen Konflikt in der Gruppe besprechen wollen. Wenn alle zustimmen, setzen sie sich im Kreis auf einen kleinen Teppich, den alle als „Streit-Teppich" kennen.

Zeit:
ca. 20–30 Minuten

Material und Vorbereitung:
kleiner Teppich

Durchführung:
Die Besprechung verläuft in folgenden Schritten:

1. Die Lehrkraft fragt, wer zuerst seinen Standpunkt erläutern will und einigt sich mit den Betroffenen auf eine Reihenfolge.

2. Der erste Schüler erzählt, wie die Sache aus seiner Sicht aussieht. Alle hören ihm zu. Danach spricht das zweite Kind. Auch ihm hören alle zu.

3. Anschließend fragt der Lehrer in die Runde, was die anderen von den Darstellungen der Konfliktparteien verstanden haben. Die anderen Schüler wiederholen erst einmal, was bei ihnen angekommen ist, erst dann äußern sie auch eigene Beobachtungen und Meinungen. Die beiden Betroffenen hören aufmerksam zu. Zum Schluss fragt die Lehrkraft sie, ob sie dazu etwas sagen möchten.

4. Gemeinsam überlegen alle, wie der Streit gelöst werden könnte. Dabei kann jedes Kind seine Vorschläge einbringen. Die Lehrkraft fasst die wichtigsten Ideen zusammen und fragt die Betroffenen, ob eine Idee darunter ist, die sie gut finden und annehmen können.

5. Wenn die beiden sich geeinigt haben, rollen sie den Streit-Teppich gemeinsam ein und reichen sich die Hände.

Auswertung:
Nach den ersten Vertrautheiten mit dem Streit-Teppich sollte sich die Gruppe zu den Erfahrungen mit dieser Methode und ihren Empfindungen äußern.

---

4. Eisbergmodell

Lernziel:
Ziel des Eisbergmodells ist es, bewusst zu machen, dass in den meisten Konfliktsituationen verborgene Emotionen der Beteiligten eine große Rolle spielen und oftmals ihr Handeln bestimmen. Das Eisbergmodell ermöglicht es, Gefühle in Streitsituationen zu thematisieren, die vielfach nicht offen erkennbar sind, sondern bewusst oder unbewusst versteckt werden.

Zeit:
ca. 30 Minuten

Material und Vorbereitung:
Abbildung Eisbergmodell, Eisbergmodell als Tafelbild

Durchführung:
Die Teilnehmer werden aufgefordert, sich an einen Streit, in den sie verwickelt waren, zu erinnern. Die Lehrkraft teilt das Arbeitsblatt Eisbergmodell aus und erläutert: Jeder Konflikt hat einen oder mehrere Anlässe, die aber oft nicht direkt genannt oder angesprochen werden. Hinter einzelnen Positionen in Konflikten stecken unterschiedliche Bedürfnisse und

5. METHODENSAMMLUNG

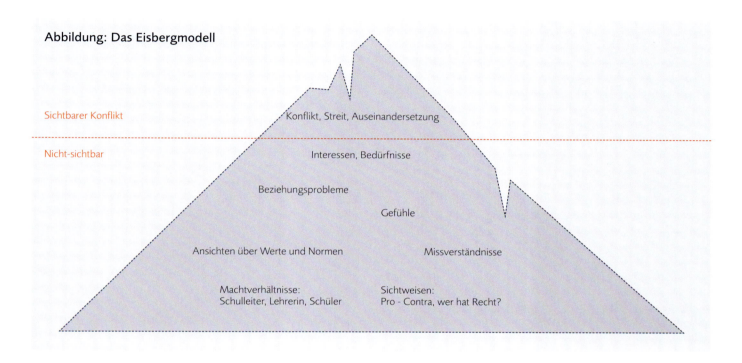

Abbildung: Das Eisbergmodell

Interessen, und jeder Konflikt hat mehrere Ebenen. Anschließend überlegen alle gemeinsam im Kreisgespräch, welche Gefühle Streitsituationen auslösen. Artikulieren wir diese Gefühle oder behalten wir sie eher für uns?

Als Tafelbild wird ein Eisberg, der zu einem kleinen Teil über, zum größeren Teil unter der Wasseroberfläche zu sehen ist, gezeichnet. In der oberen Eisberghälfte wird notiert, was bei einem Streit offensichtlich zu sehen ist und wie er abläuft. In der unteren Hälfte werden die verborgenen Gedanken und Gefühle festgehalten.

Auswertung:
Die Erkenntnis der Klasse oder Gruppe, dass einem Konflikt oft andere Ursachen zugrunde liegen als es scheint, sollte zu der Überlegung führen, ob und wie sich die Ergebnisse der Arbeit auf das eigene Verhalten übertragen lassen. Es schließt sich eine Reflexion darüber an, was das für eine sinnvolle Konfliktregelung bedeutet.

5. Konfliktmoderation in der Klasse

Lernziel:
Durch ein Klärungsgespräch kann sich ein konstruktives Konfliktverständnis entwickeln, indem konfliktregulierende Kompetenzen gefördert werden. Die Konflikte werden zwischen einzelnen Schülern bearbeitet und müssen somit nicht zu Störungen in der Klasse führen oder die Unterrichtssituation belasten. Das Verfahren eignet sich auch zur Gestaltung von regelmäßigen Klassenratssitzungen.

Zeit:
60–90 Minuten

Material und Vorbereitung:
Karteikarten, weitere Karten in zwei Farben

Durchführung:
1. Zunächst wird erhoben, welche ungelösten Konflikte in der Klasse bestehen. Die vier am wesentlichsten erscheinenden Konflikte werden auf vier Karten geschrieben und im Raum verteilt. Jeder Schüler stellt sich zu dem jeweils am

5. METHODENSAMMLUNG

dringlichsten erscheinenden Konflikt. Das Thema, bei dem die meisten Schüler stehen, soll bearbeitet werden. Erst erläutern die Schüler den Grund für ihre Wahl und wieso es für sie wichtig ist, dass der Konflikt geklärt wird. Dann werden die Konfliktbeteiligten gefragt, ob sie ihren Streit vor der Klasse besprechen wollen. Nur wenn sie sich einverstanden erklären, wird das Verfahren weitergeführt.

2. Die Personen, die an dem Konflikt beteiligt sind, setzen sich in die Mitte des Stuhlkreises gegenüber an einem Tisch. Jede Konfliktpartei erhält zwei Mitschüler zur Unterstützung, die sich hinter sie setzen. Die Lehrkraft und ein neutrales Klassenmitglied sitzen mit am Tisch. Sie übernehmen die Funktion von Moderatoren. Die übrige Klasse sitzt im Außenkreis. Nacheinander stellt nun jede Partei den Konflikt aus ihrer Sicht dar. Die Unterstützer achten darauf, dass das Gespräch fair verläuft, dass man also einander gut zuhört, andere ausreden lässt und keine Beleidigungen ausspricht.

3. Nun wird versucht, einen Perspektivwechsel vorzunehmen. Dazu wiederholen die Unterstützer der konfliktbeteiligten Person oder Gruppe A möglichst genau die Sichtweise von Konfliktpartei B und umgekehrt die Unterstützer von B die Position von A. Die Moderatoren greifen ein, sofern die Wiedergabe unvollständig oder unfair ist. Anschließend formulieren die Konfliktparteien selbst die Sichtweise ihres Gegenübers.

4. Im letzten Schritt sollen Lösungen gefunden werden. Die Moderatoren fragen die Konfliktbeteiligten, welche Problemlösung sie sich wünschen und was sie dem Gegenüber anbieten können. Die beiden Parteien notieren das auf jeweils unterschiedlich farbige Karteikarten und legen diese auf den Tisch. Die Karten werden vorgelesen und zwischen den Parteien diskutiert. Wenn eine Partei mit den Vorschlägen nicht einverstanden ist, können die Außensitzenden Rückmeldungen geben und anschließend die strittigen Karten erneut besprechen. Es wird so lange nach einer Lösung gesucht, bis beide Parteien unterschreiben oder sich die Hand geben können.

Auswertung:

Nach einer oder zwei Wochen wird der Konflikt noch einmal thematisiert und die Konfliktparteien stellen ihre Erfahrungen dar, die sie mit der Lösungsvereinbarung gemacht haben.

---

6. Buddy-Schlichtung

Lernziel:

Hier sind Buddys als Unterstützer in der Streitschlichtung tätig. Viele Kinder und Jugendliche sind eher bereit, daran teilzunehmen, wenn sie sich dafür Unterstützung holen können. Jede Konfliktpartei kann sich daher einen Buddy suchen und in die Mediation mitbringen.

Zeit:

je nach Fall

Material und Vorbereitung:

ohne

Durchführung:

Phase 1: Einleitung

1. Schritt: Vorbereitung der äußeren Bedingungen.

2. Schritt: Klärung des Rahmens und der Regeln. Der Mediator (M) bzw. die Mediatoren erläutern das Verfahren und die Regeln für die Konfliktbeteiligten und die Buddys. Dabei ist wichtig, das Ziel der Mediation zu betonen. Es besteht darin, dass die Beteiligten gemeinsam eine Lösung für ihr Problem finden. Die Aufgabe der Buddys ist, sie dabei zu unterstützen. In schwierigen Fällen kann man den Konfliktbeteiligten die Möglichkeit geben, sich allein mit ihren Buddys zu beraten und die Darstellung der Sichtweise vorzubereiten.

3. Schritt: Verhandeln – Wer fängt an?

5. METHODENSAMMLUNG

Phase 2: Darstellung der Sichtweise

1. Schritt: M spricht mit Teilnehmer bzw. Partei A. M fragt A nach seiner Position, spiegelt und fasst zusammen. M fragt Buddy von A, was er noch ergänzen will.

2. Schritt: M spricht mit Teilnehmer bzw. Partei B.

3. Schritt: M erstellt mit den Parteien und ihren Buddys den Ablauf.

Phase 3: Konflikterhellung

1. Schritt: M bespricht mit den Parteien die einzelnen Punkte der Agenda.

2. Schritt: M kann Einzelgespräche führen, wenn dies sinnvoll erscheint.

3. Schritt: M fasst die Ergebnisse zusammen.

Phase 4: Problemlösung

1. Schritt: A und B entwickeln gemeinsam mit ihren Buddys Ideen und Vorschläge für mögliche Lösungen.

2. Schritt: M erarbeitet mit den beiden Gruppen eine Konsens- und Dissens-Liste.

3. Schritt: M moderiert die Verhandlung über die noch strittigen Punkte.

Phase 5: Vereinbarung

1. Schritt: M macht einen Vorschlag für die Vereinbarung.

2. Schritt: A und B überprüfen mit ihren Buddys noch einmal die Vereinbarung und klären die Verantwortlichkeit bei der Umsetzung. Die Buddys übernehmen die Verantwortung, die Beteiligten bei weiteren Problemen auf die Einhaltung der Vereinbarung hinzuweisen.

3. Schritt: A und B, die Buddys und die Mediatoren unterzeichnen die Vereinbarung.

Auswertung:

Gemeinsame Reflektion: Hat die Streitschlichtung zur Zufriedenheit aller funktioniert, ist jeder in seiner Rolle geblieben? Was könnte beim nächsten Mal besser laufen?

5. METHODENSAMMLUNG

KOMPETENZ: PERSPEKTIVENÜBERNAHME

Methoden:
1. Kippbilder
2. Selbstbild – Fremdbild
3. Gruppen-Code
4. Stärken-Schwächen-Tandem
5. Täter – Opfer – Helfer
6. Denkhüte

---

1. Kippbilder

Lernziel:
Die Erfahrung, dass Menschen unterschiedliche Wahrnehmungen haben, wenn sie das Gleiche betrachten oder beobachten, soll vermittelt werden. Die Schüler erfahren die Akzeptanz von Verschiedenartigkeit und bekommen vermittelt, dass es nicht nur eine einzige Wahrheit gibt, sondern dass ein vollständiges Bild erst entsteht, indem man anderen seine jeweilige Sicht der Dinge mitteilt und diese Sichtweisen zu einem Ganzen zusammenfügt. Gerade beim Umgang mit Konflikten ist der Informationsaustausch über die unterschiedlichen Wahrnehmungen notwendig.

Zeit:
ca. 20–30 Minuten

Material und Vorbereitung:
Arbeitsblätter (siehe Seite 139 und 141)

Durchführung:
Die Arbeitsfolien werden aufgehängt, dazu wird gefragt: „Was seht ihr?" Die verschiedenen Wahrnehmungen bleiben zunächst unkommentiert, bis die Gruppe selbst erkennt, dass nur die einzelnen Sichtweisen zusammen das Gesamtbild ergeben.

Auswertung:
Die Erkenntnis, dass wir unterschiedlich sind und auch unterschiedliche Wahrnehmungen haben, sollte auf Konfliktsituationen und Haltungen übertragen werden. Um einen Konflikt erfassen zu können und im Dialog Lösungen zu finden, sollte man die verschiedenen Wahrnehmungen und Perspektiven zusammenfügen.

---

2. Selbstbild – Fremdbild

Lernziel:
Am Beispiel der Selbst- und Fremdwahrnehmung werden die unterschiedlichen Perspektiven der Beteiligten erfahrbar.

Zeit:
20–30 Minuten

Material und Vorbereitung:
Auf ein Plakat oder an die Tafel werden die Fragen geschrieben:
1. „Was fällt euch in dieser Situation an dem anderen auf?" (z. B. Kleidung, Frisur, Stimmung, Gesichtsausdruck …)
2. „Was kann man sonst noch Besonderes über die Person sagen?"

Durchführung:
Die Klasse findet sich in Dreiergruppen zusammen. Jeweils zwei beschreiben den Dritten kurz anhand der aufgeführten Fragen. Auch die Person, die gerade beschrieben wird, beschreibt sich selbst. Jeder arbeitet 5 Minuten lang für sich. Dann findet ein Austausch der Beobachtungen statt: zum einen über die Beschreibungen der beiden Beobachter und zum andern zwischen den Beobachtungen und der Selbstbeschreibung. Welche Unterschiede und welche Übereinstimmungen gibt es?
Jeder in der Gruppe kommt einmal in die Position des „Beschriebenen".

Auswertung:
Wie haben die Beteiligten die Situation erlebt? Waren große Überraschungen bei den Beschreibungen feststellbar?

5. METHODENSAMMLUNG

Kippbild 1

Kopiervorlage

5. METHODENSAMMLUNG

3. Gruppen-Code

Lernziel:
Gruppen kennzeichnen sich durch Gemeinsamkeiten. Um Mitglied einer Gruppe zu werden, muss man versuchen, die Perspektive der anderen einzunehmen, um die Gemeinsamkeit zu erkennen und zu teilen. Diese Übung schult den Blick für Gruppen-Codes und richtet den Blick auf ausgrenzende Mechanismen.

Zeit:
ca. 45 Minuten

Material und Vorbereitung:
Es ist ein Merkmal vieler Cliquen, dass sie sich stark über äußerliche Merkmale wie Kleidung oder bestimmte Attribute definieren, die scheinbar auch mit einer speziellen Haltung konform gehen. Wer „falsche" Schuhe trägt, ist da schnell außen vor. Solche Zuordnungen erleichtern zum einen die Weltsicht, zum andern erschweren sie aber den Zugang zum Verständnis der Welt – was fremd und nicht konform mit der eigenen Sicht ist, wird einfach ausgeblendet. Dieser Hintergrund der Übung sollte vorab erläutert werden, denn vielen Jugendlichen sind zwar die Effekte bekannt, aber nicht die Zusammenhänge.

Durchführung:
Es bilden sich Gruppen von jeweils fünf Personen, jede Gruppe spielt für sich. Ein Teilnehmer der Gruppe verlässt den Raum, die verbleibenden Mitglieder vereinbaren nun ein gemeinsames geheimes Zeichen oder eine Verhaltensweise. Nachdem der Außenseiter wieder hereingerufen wurde, beginnen die vier Gruppenmitglieder eine Unterhaltung, in deren Verlauf sie immer wieder das geheime Zeichen, möglichst nicht zu offensichtlich, verwenden. Der Außenseiter beobachtet die Gruppe und versucht, das Zeichen herauszufinden. Wenn er meint, es gefunden zu haben, beteiligt er sich an dem Gespräch und benutzt dabei das Zeichen. Nur wenn er den Code tatsächlich gefunden hat, nehmen die anderen ihn in die Gruppe auf, ansonsten beachten sie ihn nicht und er muss es erneut versuchen. Die Übung wird so oft wiederholt, bis alle einmal Außenseiter waren.

Auswertung:
Wie war es, außen vor zu sein, und wie war es, zu der Gruppe zu gehören? War es leicht oder schwierig, den Code zu erkennen? Gab es bereits Situationen, in denen sich die Teilnehmer so wie bei diesem Spiel gefühlt haben, als Außenseiter oder Mitglied der Gruppe?

---

4. Stärken-Schwächen-Tandem

Lernziel:
Die Erfahrung, dass andere das, was man selbst für eine Schwäche hält, vielleicht als Stärke ansehen.

Zeit:
ca. 30 Minuten

Material und Vorbereitung:
Foto von jedem Schüler, Papierbögen, eventuell Karteikarten

Durchführung:
Gemeinsam werden an der Tafel allgemeine Stärken und Schwächen gesammelt, wie etwa:
freundlich, ausdauernd, selbstbewusst, mutig, konsequent
oder
unzuverlässig, aggressiv, eingebildet, misstrauisch, gleichgültig.

Jeder Schüler klebt sein Foto auf einen Papierbogen und sucht sich einen Partner. Nun schreiben die Schüler innerhalb von etwa fünf Minuten still für sich auf, welche Stärken und Schwächen sie bei dem ersten Partner sehen. Die nächsten fünf Minuten notieren sie die Stärken und Schwächen des zweiten Partners. Anschießend werden die Sichtweisen der beiden miteinander verglichen. Stimmen sie überein? Was ist erstaunlich? Worauf kann man sich einigen, worüber nicht?

Auswertung:
Einige Tandems sollten ihre Ergebnisse der Klasse – auf freiwilliger Basis natürlich – vorstellen. Waren die Ergebnisse insgesamt überraschend? Wie kann man sich gegenseitig darin unterstützen, die Schwächen abzubauen?

5. METHODENSAMMLUNG

Kippbild 2

Kopiervorlage

5. METHODENSAMMLUNG

5. Täter – Opfer – Helfer

Lernziel:
Es geht darum, sich in die verschiedenen Perspektiven von Tätern, Opfern und Helfern einzufühlen, die wechselseitige Abhängigkeit deutlich zu machen und gleichzeitig neue Optionen für das eigene Verhalten zu finden.

Zeit:
ca. 60 Minuten

Material und Vorbereitung:
mehrere Karten oder Blätter mit der Aufschrift „Täter", „Opfer", „Helfer"

Durchführung:
1. Die Schüler tauschen sich in Dreiergruppen zunächst über Folgendes aus: An welche prägnante Konfliktsituation kann ich mich erinnern, in der ich mich deutlich als Täter, Opfer oder Helfer gefühlt habe? Eine dieser Situationen wählt das Dreierteam jetzt für die folgende Simulation aus. Es ist davon abzuraten, einen Konflikt vorzuschlagen, der für sie eine existenzielle Bedeutung oder Bedrohung ausmacht.

2. Die Karten oder Blätter mit den Aufschriften „Täter", „Opfer" und „Helfer" werden auf dem Boden ausgelegt. Sie bilden ein Dreieck von etwa einem Meter Seitenlänge. Jede Gruppe spielt ihre ausgewählte Konfliktsituation in einem solchen Dreieck nach, und zwar in mehreren kurzen Durchgängen. Dabei wird die Rolle im Konflikt von einer der Stereotypen nach folgendem Muster eingenommen:

- Der Täter spricht in Form von Befehlen, Verboten oder lauten Vorwürfen; er versucht, Widerspruch von vornherein auszuschalten und wendet eine bestimmende Gestik an. Sein Gewinn: Er erreicht nächstliegende Ziele, nimmt eine hohe Stellung in der Hierarchie ein. Der Preis für diese Rolle: Er ist eher unbeliebt.

- Das Opfer nennt vorwiegend Entschuldigungen und Ausflüchte, es verspricht, sich zu bessern. Sein Gewinn: Zuwendung und „Straffreiheit". Der Preis dafür sind geringer Respekt und eine Stellung weiter unten in der Gruppenhierarchie.

- Der Helfer redet dem Opfer gut zu und versucht, den Täter zu beschwichtigen. Im Ton meidet er Heftigkeit, strahlt Friedlichkeit aus, seine Gesten sind zuwendend, tröstend. Der Gewinn: Er genießt gegebenenfalls ein hohes Ansehen auf beiden Seiten. Der Preis: Er sitzt zwischen den Stühlen.

Folgender weiterer Konflikt lässt sich gut anhand der Stereotype demonstrieren (das Grundmuster des Konflikts bleibt in allen drei Varianten gleich, nur das innere Gefüge ändert sich): Eine Frau fährt in der Straßenbahn. Ihr gegenüber sitzt ein leicht angetrunkener Mann und versucht, mit ihr Kontakt aufzunehmen. Ein anderer Mann will der Frau in dieser Situation helfen und weist den Betrunkenen zurecht:

5. METHODENSAMMLUNG

Variante 1: Der Betrunkene steht auf dem „Täter"-Platz, die Frau bei „Opfer" und der Mann bei „Helfer".

Variante 2: Alle gehen einen Platz nach rechts. Nun ist der Betrunkene bei „Opfer", die Frau bei „Helfer" und der Mann bei „Täter". Das innere Gefüge hat sich verändert: Der Mann ist schlecht gelaunt und sucht nur eine Gelegenheit, sich abzureagieren. Da kommt ihm dieser Betrunkene, der die Frau anmacht, gerade recht. Die Frau versucht zu vermitteln, da sie das Verhalten des Betrunkenen gar nicht so schlimm findet.

Variante 3: Alle gehen wieder einen Platz weiter nach rechts. Nun ist die Frau bei „Täter", der Mann bei „Opfer" und der Betrunkene bei „Helfer". Das innere Gefüge der Situation hat sich wieder verändert: Die Frau findet Gefallen an dem Betrunkenen und möchte mit ihm in Kontakt kommen. Dabei ärgert sie sich über den Mann, der sich ungefragt einmischt. Der Betrunkene versucht zu vermitteln.

3. Jede Kleingruppe stellt sich jetzt auf ihr Dreieck. Jeder sucht sich eine Stereotyp-Position aus, dann wird die jeweilige Konfliktsituation von allen Gruppen gleichzeitig ein erstes Mal für etwa drei bis höchstens fünf Minuten durchgespielt, den Stereotypen folgend, so dass alle ein Gespür dafür bekommen, wie sie ihre Konfliktrolle ausfüllen können. Jetzt wird das Spiel abgebrochen und alle notieren sich kurz, was ihnen in diesem ersten Durchgang aufgefallen ist.

Anschließend gehen in den Teams alle in ihrem Dreieck um jeweils einen Platz nach rechts und es wird ein zweiter Durchgang gespielt, nun mit der jeweils veränderten Konstellation Stereotyp/Konfliktrolle. Kurze Notizen, dann erfolgt wieder ein Wechsel und der dritte Durchgang beginnt.

Auswertung:

Folgende Leitfragen sollten besprochen werden:

1. Wie habt ihr euch bei der Übung gefühlt, wie seid ihr insbesondere mit den Übergängen von einer Rolle in das nächste Stereotyp zurechtgekommen? Welche Perspektiven waren schwierig einzunehmen, welche einfach und weshalb?

2. Wie habt ihr die Beziehung unter den drei Beteiligten wahrgenommen? Wie haben sie sich verändert? Hat sich euer Verhalten wechselseitig bedingt?

5. METHODENSAMMLUNG

6. Denkhüte

Lernziel:
Bei diesem Rollenspiel nehmen die Teilnehmer einen Perspektivenwechsel vor und diskutieren ein Thema unter bestimmten Aspekten und Vorgaben. Diese Kreativitätstechnik fördert die Fähigkeit, sich in andere Denkweisen hineinzuversetzen und verschiedene mögliche Standpunkte und Sichtweisen zu tolerieren. Zudem ermöglicht sie eine effiziente Gruppendiskussion und kann zu größerer Klarheit in der Argumentation führen.

Zeit:
ca. 45 Minuten

Material und Vorbereitung:
Papierhüte in weißer, roter, schwarzer und gelber Farbe basteln, Innenkreis mit vier Stühlen und Außenkreis vorbereiten

Durchführung:
Machen Sie den Schülern bewusst, dass unser Denken meist von verschiedenen Gefühlen und Fakten zugleich geprägt ist. Diese Methode, die auf Edward de Bono zurückgeht, zielt auf eine deutliche Trennung der unterschiedlichen Denkrichtungen ab. Verschiedene Personen übernehmen klar beschriebene Denkweisen; sie denken also auf eine ganz bestimmte Art und diskutieren miteinander. Dabei tragen sie einen farbigen „Denkhut" (oder Armband, Mütze, Kärtchen ...), der symbolisch einen Denkstil repräsentiert. Erläutern Sie den Teilnehmern folgende Zuordnungen (am besten schriftlich):

Der weiße Hut:
Die Farbe Weiß steht für analytisches Denken, für Sachlichkeit und Neutralität. Es zählen Tatsachen, Zahlen, Daten, Fakten, keine persönlichen Meinungen.

Der rote Hut:
Die Farbe Rot steht für emotionales Denken. Die Äußerungen sind gefühlsbetont, leidenschaftlich, spontan und erfolgen aus dem Bauch heraus.

Der schwarze Hut:
Schwarz bedeutet kritisches Denken. Hier wird die Kehrseite der Medaille betrachtet und auf Risiken und Schwierigkeiten hingewiesen. Die Begründungen sind rational.

Der gelbe Hut:
Gelb steht für optimistisches Denken. Alles ist positiv und wird durch eine rosarote Brille gesehen. Motivation, Visionen und Träume stehen im Vordergrund.

Nachdem sich die Gruppe auf ein aktuelles und relevantes Thema geeinigt hat, nehmen vier Freiwillige ihre Denk-Rollen ein und setzen sich in den Innenkreis. Sie sollten sich vorab auf die mit „ihrer" Farbe verbundenen Eigenschaften einstellen, damit es ihnen gelingt, während der Diskussion gemäß dieser Farbe zu agieren.

Die übrigen Teilnehmer sitzen als Beobachter im Außenkreis und achten auf die Qualität der Aussagen und die Körpersprache der Diskutanten. Eine Gesprächsrunde sollte 10 bis 15 Minuten lang dauern, wobei die Hutträger strikt in ihren Rollen verbleiben.

Auswertung:
Im Anschluss findet eine Auswertungsrunde statt, bei der sich sowohl die Diskutanten als auch die Beobachter äußern. Wie gehen die Hutträger mit ihren Rollen um? Diskutieren sie durchgängig neutral, emotional, kritisch und optimistisch? Überzeugen ihre Argumente und Gegenargumente? Um den Schwierigkeitsgrad der Methode noch zu steigern, können die Freiwilligen zu einem bestimmten Zeitpunkt die Rollen wechseln und die Hüte innerhalb des Kreises neu verteilen. Wie funktioniert die kurzfristige Übernahme einer anderen Rolle?

Anhang

ANHANG

⊙ Buddy-Auswahlverfahren

Ziel des Verfahrens:
Diese Befragung richtet sich an Schüler ab der 5. Klasse (Sekundarstufe I) und kann in einer Gruppe von bis zu 30 Personen durchgeführt werden. Ziel ist es, die Bereitschaft der Schüler zu ermitteln, sich in bestimmten Aufgabenfeldern aktiv als Buddys zu engagieren.

Das Gesamtverfahren umfasst
1. das Erheben und Berichten von Situationen, in denen
   - Schüler andere Schüler unterstützen sollten und in denen
   - Schüler reale Hilfeleistungen durch andere Schüler erfahren haben (ca. 60 Minuten),

2. das Ausfüllen eines Fragebogens zur Frage „Welche Schüler unserer Schule könnten von anderen Schülern Unterstützung gebrauchen?" (ca. 10 Minuten),

3. eine Abfrage der potenziellen Bereitschaft der Schüler, in bestimmten Feldern als Buddys tätig zu sein (ca. 15 Minuten).

Zeit:
Für die Durchführung in allen drei Teilen ist ein Zeitumfang von einer Doppelstunde (1,5 Stunden) erforderlich.

Material und Vorbereitung:
Moderationskarten (oder andere Karten) in zwei verschiedenen Farben; Stifte; Klebeband; kopierte Fragebögen und „Zielscheibe" für jeden Schüler; Klebepunkte; an zwei Wänden im Klassenraum Platz schaffen, um die Karten aufhängen zu können.

Durchführung:
Einführend sollen die Schüler über Hilfe- bzw. Unterstützungserfahrungen im Schulalltag nachdenken, um auf diese Weise ihr Blickfeld, ihr Bewusstsein und ihre Sensibilität für Bereiche des sozialen Lernens zu schärfen.

1. Erfahrungsberichte zur Soll- und Ist-Situation

Die Schüler überlegen sich zunächst allein 3–4 Minuten Situationen aus dem Schulalltag, in denen Schüler für andere Schüler da sein und ihnen helfen sollten. Diese Situationen sollen sich nicht auf die Klasse oder auf das Helfen beim Lernen beschränken, sondern allgemein gilt: Wann sollten Schüler anderen Schülern helfen?

Anschließend werden Vierergruppen gebildet und die Schüler berichten reihum, welche Situationen ihnen eingefallen sind. Jede Antwort wird auf eine der Moderationskarten (in einheitlicher Farbe) als Stichwort oder Halbsatz geschrieben. Im nächsten Schritt überlegen die Schüler, welche Situationen sie bisher tatsächlich erlebt haben, in denen sich Schüler für andere eingesetzt oder ihnen in irgendeiner Form geholfen haben. Wiederum berichten die Einzelnen innerhalb der Gruppe und notieren jede Geschichte mit einem Stichwort oder Halbsatz auf einer Moderationskarte (nun in der anderen Farbe). Nach etwa 15 Minuten werden die Ergebnisse der Kleingruppen in der Klasse zusammengetragen. Die Gruppen tragen zuerst ihre Ergebnisse der ersten Runde nacheinander vor und hängen die einzelnen Karten dabei – soweit möglich – an eine der Wände (oder breiten sie alternativ auf dem Boden aus). Die projektbegleitende Person bündelt ähnliche Antworten zusammen.

Anschließend werden die Karten mit den Geschichten realer Hilfssituationen der Schüler zusammengetragen. Dieses Mal beginnt die Gruppe, die zuvor ihre Ergebnisse zuletzt vorgetragen hat.

Nach dieser Runde wird anhand der sortierten Antworten zu den Soll-Situationen einerseits und den realen Erfahrungen der Schüler mit gegenseitiger Unterstützung andererseits herausgearbeitet, was beim Betrachten der Ergebnisse auffällt. Das können z. B. Häufigkeiten bei einigen Antworten und seltene bzw. fehlende Benennungen oder Diskrepanzen zwischen den Soll- und Ist-Situationen sein.

2. Bedarfserhebung anhand konkreter Zielgruppen

Nach dem interaktiven Teil wird jedem Schüler der Fragebogen „Schüler helfen Schülern" ausgeteilt. Dieser kann in einem Zeitfenster von bis zu 10 Minuten ausgefüllt werden. Die Schüler können ergänzen, wenn ihrer Ansicht nach etwas fehlt.

Dabei ist darauf hinzuweisen, dass die Schüler ihren Namen nicht auf die Fragebögen schreiben sollen, da diese anonym behandelt werden.

3. Bereitschaft der Schüler, bestimmte Buddy-Aufgaben zu übernehmen

Nun wird erhoben, welche Schüler bereit wären, sich als Buddy einzusetzen. Teilen Sie dazu die kopierte Zielscheibe aus. Die Schüler schreiben ihre Namen auf den Bogen, überlegen in Ruhe die Felder, von denen sie sich vorstellen könnten, sich aktiv zu engagieren, und markieren ihre Interessen mit Klebepunkten oder Stift.

Trifft keines der Felder das Interesse eines Schülers, er sich aber vorstellen kann, Mitschüler in anderer Form zu unterstützen, so kann er in „Anderes" punkten und seine Idee unten erläutern. Anhand der ausgefüllten Zielscheiben wird sichtbar, bei welchen Aufgabenkreisen eine konkrete Einsatzbereitschaft bei einzelnen Schülern besteht – wobei allerdings zu diesem Zeitpunkt noch keine verbindlichen Zusagen gemacht werden müssen.

Auswertung:

Zu jedem der drei Schritte erfolgt im Anschluss eine kurze Nachbereitung, wobei vorhandene Prioritäten erkennbar sein sollten.

1. Die aufschlussreichen Aspekte der Erfahrungsberichte der Schüler sollten in Hinblick auf ihre Bedarfe an (weiteren) potenziellen Buddy-Projekten festgehalten werden. Welche Situationen wurden häufig genannt, wo zeigen sich auffällige Diskrepanzen zwischen Soll- und Ist-Situation?

2. Der Fragebogen wird anschließend ausgewertet: Welche Schüler in der Schule sollten durch andere Schüler unterstützt werden? In welchem Bereich liegen Häufungen? Besondere Aufmerksamkeit verdienen oft die erweiterten Angaben der Schüler zum Fragebogen.

3. Die Eintragungen auf den einzelnen Zielscheiben verdeutlichen das Interesse und die Bereitschaft einzelner Schüler, als Buddys Aufgaben zu übernehmen – eine gute Ausgangsbasis, um engagierte Mitglieder für ein Buddy-Projekt zu gewinnen. Dokumentieren Sie die Ergebnisse für den Aufbau einer Buddy-Gruppe.

ANHANG

Fragebogen Schüler helfen Schülern

Welche Schüler unserer Schule könnten von anderen Schülern Unterstützung gebrauchen?

Schüler, die …	Stimmt total (100%)	Stimmt zum Teil (66%)	Stimmt eher nicht (33%)	Stimmt nicht (0%)
… neu in unsere Schule kommen.				
… neu in eine Klasse kommen.				
… oft allein sind.				
… eine Behinderung haben.				
… im Unterricht oder in bestimmten Fächern Schwierigkeiten haben.				
… bei den Hausaufgaben und beim Lernen Hilfe brauchen.				
… unsere Sprache nicht so gut sprechen.				
… wichtige Fragen haben oder Hilfe brauchen und nicht wissen, an wen sie sich wenden können.				
… von anderen gehänselt oder geärgert werden.				
… mit anderen Schülern Konflikte und Streitereien haben.				
… mit Lehrern Konflikte haben.				
Bitte ergänze: Außerdem sollte Schülern geholfen werden, die …				
…				
…				
…				
…				

Kopiervorlage

ANHANG

Zielscheibe

Wobei würde ich anderen Schülern am liebsten helfen?

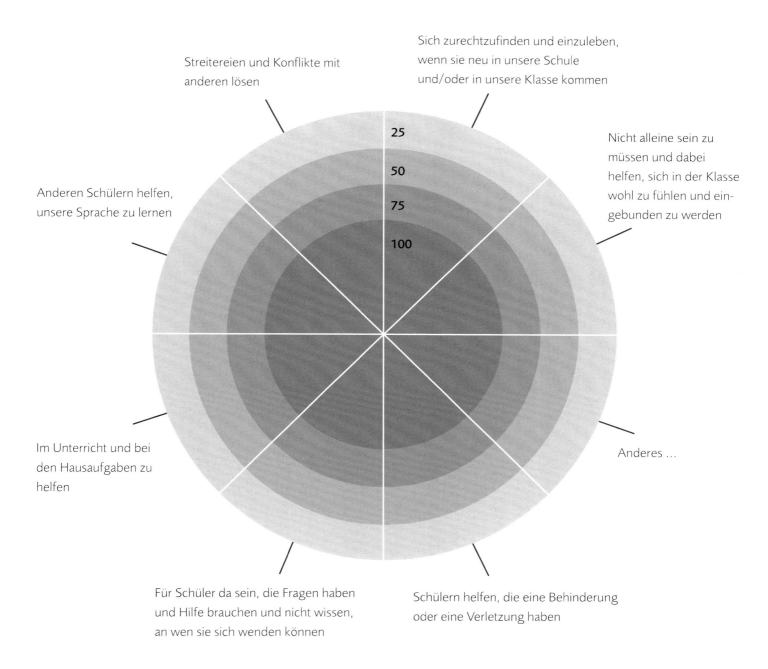

Was sind „andere Bereiche", bei denen ich mir vorstellen könnte, anderen Schülern zu helfen?

___

Kopiervorlage

ANHANG

Formblatt Projektdokumentation

Schule:

Netzwerk:

Klassenstufe:

Adresse:

Schulform:

Ansprechpartner/Verantwortliche(r) Buddy-Lehrer(in):

Folgende Fragen können auch im Internet unter: **www.buddy-ev.de** beantwortet werden.

Ich fülle diesen Fragebogen online aus. Ja ☐ Nein ☐

- **In welchen Anwendungsebenen werden Sie das Buddy-Projekt implementieren?**

  ☐ Schüler helfen Schülern (Peer-Helping)

  ☐ Schüler lernen miteinander (Peer-Learning)

  ☐ Buddys leiten Buddys an (Peer-Coaching)

  ☐ Schüler beraten Schüler (Peer-Counseling)

  ☐ Schüler vermitteln bei Konflikten (Peer-Mediation)

1. Projektname:

2. Welcher Anlass führte zur Projektidee?

Kopiervorlage

ANHANG

3. Welche Ziele wollen Sie mit Ihrem Buddy-Projekt verfolgen?

4. Wie sind Sie bei dem Projektaufbau vorgegangen?

5. Wer ist an dem Projekt beteiligt (Kooperationspartner) und welche Strukturen haben Sie sich gegeben, z. B. Klassenverbund, AG etc.?

6. Wie wird Ihr Projekt durchgeführt?

7. Inwieweit wurden Ihre Projektziele erreicht?

ANHANG

8. Welche Auswirkung hat das Buddy-Projekt auf die Schüler/Atmosphäre der Schule?

9. Was waren die Highlights und Stolpersteine, welche Anekdoten gab es?

10. Welches Fazit ziehen Sie bisher aus Ihrem Buddy-Projekt?

11. Bitte sammeln Sie zwei bis drei Zitate von Schülern, die das Projekt beschreiben. (Name, Alter, Einverständniserklärung)

Möchten Sie von der Möglichkeit Gebrauch machen, bis zu drei Fotos an den buddY E.V. zu senden?

Ja ☐   Nein ☐

Einverständniserklärung:

Sind Sie damit einverstanden, dass Ihre Projektdokumentation und die Fotos auf der Buddy-Internetseite veröffentlicht werden?

Ja ☐   Nein ☐

Datum, Ort   Unterschrift

ANHANG

Planungsfragebogen Buddy-Projekt

Vorphase

Titel des Projekts

1. Wo liegt der Bedarf? (Anwendungsfeld des Buddy-Projekts)

2. Wozu soll das Buddy-Projekt dienen? (Ziele des Buddy-Projekts)

3. Wer ist am Buddy-Projekt beteiligt? (Lehrer, Schüler welcher Klasse, Kooperationspartner …)

4. Welche Rahmenbedingungen werden benötigt? (Räumlichkeiten, Material, Zeitkontingent …)

Entwicklungsphase:

5. Wie sieht die Planung des Projekts aus? (welche Aufgaben sind in welchem zeitlichen Ablauf zu erledigen?

Durchführungsphase:

6. Verläuft alles nach Plan oder muss gegebenenfalls nachgesteuert werden?

Abschlussphase:

7. Welche Projektziele wurden erreicht/nicht erreicht?

8. Was war schwierig/hilfreich bei der Umsetzung?

9. Wie sieht die Implementierung in den Schulalltag aus?

ANHANG

Planungsraster Selbstevaluation

Ziel des Vorhabens Arbeitsschritt	Teilziel 1	Teilziel 2	Teilziel 3
Teilziel formulieren Ein gutes Ziel ist „smart" (spezifisch, messbar, aktionsorientiert, realistisch, terminiert)!			
Mögliche „Anzeiger" (Indikatoren) formulieren Woran konkret erkennen wir die Erreichung des Teilziels?			
Gegebenenfalls Erfolgskriterium festlegen Ab wann wäre die Erreichung des Ziels erfolgreich?			
Verfahren auswählen Welche Vorgehensweise passt zur Erfassung der Indikatoren?			
Teilnehmer/innen der Evaluation Wer wird evaluiert?			
Verantwortung für die Durchführung			
Zeitpunkt der Durchführung			
Verantwortung für Auswertung und Dokumentation			

ANHANG

Arbeitsschritt	Teilziel 1	Teilziel 2	Teilziel 3
Zeitpunkt der Auswertung und Dokumentation			
Form der Dokumentation			
Rückmeldung an			
Form der Rückmeldung			
Verantwortung für die Rückmeldung			
Zeitpunkt der Rückmeldung			
Erkenntnisse und Konsequenzen Welche Folgerungen ziehen wir aus der Evaluation?			

Quelle: Schroeter, Kirsten: Selbstevaluation: wie geht das? Materialien des BLK-Programms „Demokratie lernen & leben", Berlin 2004.

AUFEINANDER ACHTEN.
FÜREINANDER DA SEIN.
MITEINANDER LERNEN.

LITERATURVERZEICHNIS

Altenburg, Marion: Die Kunst, Konflikte produktiv zu lösen. Sensibilisierungsprogramm für die Klassen 7 und 8, Frankfurt am Main 2005.

Argyris, Chris: Organizational Learning, Cambridge 1993.

Becker, Manfred: Personalentwicklung als Kompetenzentwicklung, München 2002.

Deutsches PISA-Konsortium (Hrsg.): PISA 2000. Basiskompetenzen von Schülerinnen und Schülern im internationalen Vergleich, Opladen 2001.

Edelstein, Wolfgang/Fauser, Peter: Demokratie lernen und leben, Gutachten zum Modellversuchsprogramm der Bund-Länder-Kommission für Bildungsplanung und Forschungsförderung, Bonn 2001.

Faller, Kurt: Mediation in der pädagogischen Arbeit. Ein Handbuch für Kindergarten, Schule und Jugendarbeit, Mülheim an der Ruhr 1998.

Fatzer, Gerhard: Ganzheitliches Lernen. Humanistische Pädagogik, Schul- und Organisationsentwicklung, Paderborn 1998.

Foerster, Heinz von: KybernEthik, Berlin 1993.

Green, Norm/Green, Kathy: Kooperatives Lernen im Klassenraum und im Kollegium – Das Trainingsbuch, Seelze/Velber 2005.

Hormel, Ulrike/Scherr, Albert: Bildung für die Einwanderungsgesellschaft, Wiesbaden 2004.

Kaletsch, Christa: Handbuch Demokratietraining in der Einwanderungsgesellschaft, Schwalbach/Taunus 2007.

Kanning, Uwe Peter: Soziale Kompetenz, München 2002.

Langmaack, Barbara/Braune-Krickau, Michael: Wie die Gruppe laufen lernt, 7. Aufl., Weinheim 2000.

OECD: Bildung auf einen Blick. OECD-Indikatoren 2002, Paris 2002.

Reich, Kersten: Konstruktivistische Didaktik. Lehr- und Studienbuch mit Methodenpool, Weinheim und Basel 2006.

Schön, Donald A.: Educating the Reflective Practitioner. Towards a New Design for Teaching and Learning in the Professions, San Francisco 1987.

Schroeter, Kirsten: Selbstevaluation: wie geht das? Materialien des BLK-Programms „Demokratie lernen & leben", Berlin 2004.

Schulz von Thun, Friedemann: Miteinander reden 1. Störungen und Klärungen, Reinbek bei Hamburg 1981.

Tippelt, Rudolf/Schmidt, Bernhard: Was wissen wir über Lernen im Unterricht? in: Pädagogik, Heft 3, Weinheim 2005.

Watzlawick, Paul/Beavin, Janet H./Jackson, Don D.: Menschliche Kommunikation. Formen, Störungen, Paradoxien, Bern 1969.

IMPRESSUM

© 2007 buddY E.V.
Benzenbergstraße 2
40219 Düsseldorf
www.buddy-ev.de

Alle Rechte vorbehalten, auch die der Übersetzung, des Nachdrucks und der Vervielfältigung des Buches oder von Teilen daraus. Kein Teil des Werkes darf ohne vorherige schriftliche Genehmigung des buddY E.V. in irgendeiner Form öffentlich zugänglich gemacht, reproduziert oder unter Verwendung elektronischer Systeme verarbeitet werden.

1. Auflage 2007
ISBN 978-3-00-022284-9

Autoren: Kurt Faller, Winfried Kneip

Weitere Textbeiträge: Marion Altenburg, Angelika Eikel, Christa Kaletsch, Bianca Müller, Roman R. Rüdiger, Colette Simon, Daniela Stanke

Redaktion: Bianca Müller

Lektorat: Dr. Christa Schäfer

Beratung und wissenschaftliche Begleitung:
Prof. Dr. Wolfgang Edelstein, Angelika Fabricius, Jörg Lehmann, Prof. Dr. Klaus-Jürgen Tillmann

Layout und Satz: Natascha Breuer

Umschlaggestaltung: Natascha Breuer

Fotos: buddY E.V., Lorenz Gaiser, mmpro film- und medienproduktion, Vodafone Stiftung Deutschland, Tim Wegner

Druck: Druckerei Meinke

Dieses Buch ist auf chlorfrei gebleichtem Papier gedruckt.